EL CAMINO HACIA LA LIBERTAD FINANCIERA
"Principios prácticos para tomar el control de tus finanzas"

EL CAMINO HACIA LA LIBERTAD FINANCIERA
"Principios prácticos para tomar el control de tus finanzas"

ÁVILA SIERRA. C.

ISBN-13: [9798854082518]
Impreso por: Independently published

CAMIL@ ÁVILA S

Recuerda, eres el arquitecto de tu propio destino financiero. Con esfuerzo, disciplina y visión, serás capaz de construir una base sólida y alcanzar la libertad que anhelas.

¡Adelante, emprendedor! El mundo de las finanzas personales te espera con infinitas posibilidades. ¡Aprende, crece y alcanza tus metas financieras con pasión y determinación!"

Tabla de contenido

- ## Tabla de contenido

INTRODUCCIÓN

En un mundo en constante evolución, donde la estabilidad financiera y la prosperidad personal son anheladas por muchos, surge la necesidad de adquirir conocimientos sólidos y estrategias efectivas para alcanzar el éxito financiero. Este libro te invita a sumergirte en un viaje transformador, donde descubrirás el poder de los principios financieros que guían a aquellos que han construido su riqueza y prosperidad.

En estas páginas, exploraremos una variedad de temas fundamentales que te abrirán las puertas hacia un futuro financiero prometedor. Desde la importancia de invertir en propiedades para asegurar un sólido cimiento económico, hasta los hábitos cotidianos que te conducirán hacia la riqueza, cada capítulo te brindará valiosas lecciones extraídas de los maestros de la riqueza.

A lo largo de este libro, descubrirás cómo la educación financiera se convierte en el pilar fundamental para alcanzar tus metas económicas. Conocerás estrategias de inversión inteligente, aprenderás a gestionar tus finanzas personales de manera efectiva y a tomar decisiones informadas que te permitirán aprovechar al máximo tu potencial económico.

Sumérgete en las enseñanzas de aquellos que han recorrido el camino hacia la riqueza y desvela los secretos y consejos prácticos que te ayudarán a alcanzar tus sueños financieros. Estas lecciones te brindarán una base sólida para construir tu propio legado de prosperidad y libertad financiera.

Prepárate para desafiar tus paradigmas financieros, cuestionar tus creencias limitantes y abrirte a nuevas perspectivas. Este libro es una invitación a tomar el control de tu futuro financiero y a convertirte en el protagonista de tu propia historia de éxito.

Te invito a adentrarte en un fascinante viaje hacia el poder del deseo, la fe, la disciplina, la autosugestión y el poder de la atracción, herramientas poderosas que nos permiten transformar nuestras vidas y manifestar nuestros sueños más extraordinarios.

En estas páginas exploraremos cómo nuestros deseos más profundos tienen el poder de moldear nuestra realidad. Descubriremos cómo el deseo, cuando se fusiona con una fe inquebrantable, se convierte en un motor impulsor que nos impulsa a tomar acciones audaces y perseverar a pesar de los obstáculos que se presenten en nuestro camino.

A medida que avanzamos en este viaje de autodescubrimiento, aprenderemos la importancia de la disciplina en la consecución de nuestros objetivos. Exploraremos cómo la disciplina nos ayuda a mantenernos enfocados, a superar la procrastinación y a desarrollar los hábitos necesarios para lograr el éxito en todas las áreas de nuestras vidas.

La autosugestión, otra herramienta poderosa de la mente, nos enseñará cómo utilizar nuestras palabras y pensamientos para moldear nuestra realidad. Aprenderemos a reprogramar nuestras creencias limitantes y a cultivar una mentalidad de éxito y abundancia que nos permita atraer hacia nosotros las circunstancias y oportunidades que necesitamos para alcanzar nuestros objetivos.

La inteligencia artificial, al analizar grandes volúmenes de datos financieros, puede identificar de manera más precisa las necesidades y objetivos específicos de cada individuo. A través de aplicaciones y plataformas impulsadas por IA, los lectores pueden recibir recomendaciones y consejos financieros adaptados a sus circunstancias únicas, independientemente de su nivel de ingresos, ubicación geográfica o experiencia financiera previa.

La tecnología también desempeña un papel clave en la educación financiera. Mediante el uso de aplicaciones móviles, plataformas en línea y herramientas interactivas, la tecnología hace que la educación financiera sea más accesible y atractiva para las personas. Los lectores pueden aprender sobre conceptos financieros, mejorar su comprensión sobre inversión y gestión de finanzas personales, todo a través de recursos digitales a su alcance.

La automatización de tareas financieras es otro aspecto en el que la tecnología e inteligencia artificial destacan. La IA puede ayudar a gestionar inversiones, seguimiento de gastos, planificación de impuestos y otros aspectos prácticos de la gestión financiera. A través de aplicaciones y herramientas automatizadas, los lectores pueden simplificar y optimizar sus actividades financieras diarias, liberando tiempo y recursos para enfocarse en decisiones estratégicas.

Además, la tecnología puede colaborar con instituciones financieras y empresas para ofrecer servicios y productos más inclusivos. La inteligencia artificial puede ayudar a evaluar de manera más justa el riesgo crediticio de individuos que carecen de historial crediticio tradicional, brindando oportunidades de acceso a crédito para quienes lo necesiten. Los servicios bancarios digitales también permiten a las personas realizar transacciones y operaciones financieras desde cualquier lugar, reduciendo las barreras geográficas y mejorando la accesibilidad.

Por último, exploraremos el poder de la atracción, la fuerza que nos conecta con el universo y nos permite manifestar nuestros deseos más profundos. Aprenderemos a alinear nuestros pensamientos, emociones y acciones con aquello que queremos atraer a nuestras vidas, y descubriremos cómo el universo conspira a nuestro favor cuando nos abrimos a recibir y creemos en nuestras propias capacidades.

Este libro es un llamado a despertar tu poder interior y a desatar el potencial ilimitado que reside en ti. Te invito a sumergirte en estas páginas con mente abierta y corazón receptivo, listo para explorar nuevas posibilidades y desafiar tus propias creencias. Prepárate para transformar tu vida, alcanzar tus sueños más audaces y convertirte en el arquitecto consciente de tu propio destino donde la inteligencia artificial y la tecnología son poderosas aliadas en el viaje hacia el éxito financiero y la inclusión financiera. La tecnología también facilita la educación financiera, automatiza tareas financieras y mejora la oferta de servicios financieros inclusivos.

¡Bienvenido a un viaje transformador hacia el poder de los principios financieros, la inversión en propiedades para tu futuro, los hábitos que te llevan a la riqueza, las lecciones de los maestros de la riqueza, la educación financiera, transformación hacia el poder del deseo, la fe, la disciplina, la autosugestión y el poder de la atracción, un emocionante viaje en el que la inteligencia artificial y la tecnología que trabajan juntas para impulsar tus metas económicas! Prepara tu mente, abre tu corazón y déjate guiar por las páginas que cambiarán tu relación con el dinero y te conducirán hacia la libertad financiera que tanto anhelas.

Capítulo 1: El Poder de los Principios Financieros

Este primer capítulo te sumergirá en los principios fundamentales de la educación financiera. descubrirás cómo los principios antiguos aún se aplican a nuestras vidas modernas. Aprenderás a establecer una base sólida para tus finanzas personales, que te permitirá hacer crecer tu riqueza de manera constante.

Permíteme explicarte el poder de los principios financieros de una forma sencilla. Los principios financieros son reglas o consejos que nos ayudan a tomar decisiones inteligentes con nuestro dinero para lograr una mejor situación económica. Estos principios nos enseñan cómo administrar nuestro dinero de manera efectiva y cómo hacerlo crecer a lo largo del tiempo.

Imagina que los principios financieros son como los cimientos de una casa. Si los cimientos son sólidos y bien construidos, la casa será resistente y duradera. De la misma manera, los principios financieros nos proporcionan una base sólida para nuestras finanzas personales.

Uno de los primeros principios es "Paga a ti mismo primero". Esto significa que debes ahorrar una parte de tus ingresos antes de gastar en otras cosas. Es como guardar un poco de dinero para tu futuro. Esto te ayudará a tener un fondo de emergencia en caso de imprevistos y a construir una base financiera sólida.

Otro principio importante es "Controla tus gastos". Significa que debes ser consciente de en qué gastas tu dinero y priorizar tus necesidades sobre tus deseos. Evitar gastos innecesarios y aprender a vivir dentro de tus posibilidades te permitirá tener más control sobre tus finanzas y evitar deudas que puedan perjudicarte a largo plazo.

El principio de "Haz que tu dinero trabaje para ti" nos enseña sobre la importancia de invertir. En lugar de dejar nuestro dinero guardado sin hacer nada, podemos invertirlo de forma inteligente para que crezca con el tiempo. Al invertir, podemos generar ingresos adicionales y aumentar nuestro patrimonio.

Dando seguimiento, tenemos el principio de "Protege tu riqueza". Esto implica tomar medidas para proteger nuestros activos y asegurarnos de estar cubiertos en caso de imprevistos o situaciones adversas. Contratar seguros adecuados y tener un plan de contingencia nos brinda tranquilidad financiera y nos ayuda a proteger lo que hemos logrado.

Finalmente, el principio de "Incrementa tu capacidad de ganancias" nos motiva a mejorar nuestras habilidades y conocimientos para tener mejores oportunidades laborales y aumentar nuestros ingresos. Invertir en nuestra educación y desarrollo personal nos permite crecer profesionalmente y alcanzar un mayor éxito financiero.

En resumen, los principios financieros nos ofrecen una guía para tomar decisiones inteligentes con nuestro dinero. Nos ayudan a ahorrar, controlar gastos, invertir, proteger nuestros activos y mejorar nuestras oportunidades de ingresos. Al seguir estos principios, podemos construir una base sólida para nuestras finanzas personales y abrirnos camino hacia una vida financiera más próspera.

El Legado Financiero Ancestral

Los principios financieros antiguos siguen siendo relevantes en la actualidad porque están fundamentados en conceptos universales sobre el manejo del dinero y la creación de riqueza. Aunque el mundo haya cambiado y la tecnología haya avanzado, los principios básicos de administración financiera continúan aplicándose. Veamos cómo algunos de estos principios se aplican en la actualidad:

"Paga a ti mismo primero": Este principio sigue siendo válido en la actualidad. Ahorrar regularmente y reservar una parte de tus ingresos antes de gastar en otras cosas es esencial para construir una base financiera sólida. Aunque los métodos de ahorro puedan haber cambiado, como utilizar aplicaciones móviles o automatizar transferencias, la importancia de priorizar el ahorro sigue siendo clave para alcanzar metas financieras.

"Controla tus gastos": En un mundo donde la publicidad y las tentaciones de consumo están por todas partes, el control de los gastos sigue siendo crucial. La distinción entre necesidades y deseos, la elaboración de presupuestos y la práctica de hábitos financieros saludables siguen siendo fundamentales para evitar deudas y vivir dentro de nuestras posibilidades.

"Haz que tu dinero trabaje para ti": La inversión sigue siendo una herramienta poderosa para hacer crecer nuestro patrimonio. Aunque los vehículos de inversión hayan evolucionado, los principios de diversificación, comprensión de riesgos y recompensas, y la búsqueda de ingresos pasivos siguen siendo fundamentales en la actualidad.

"Protege tu riqueza": Aunque las circunstancias y los riesgos pueden haber cambiado, la importancia de proteger nuestros activos y nuestra tranquilidad financiera sigue siendo relevante. Los seguros adecuados, la planificación patrimonial y la gestión del riesgo siguen siendo esenciales para proteger nuestra riqueza y asegurarnos contra imprevistos.

"Incrementa tu capacidad de ganancias": En un mundo altamente competitivo y en constante evolución, seguir mejorando y adquiriendo nuevas habilidades es esencial. El desarrollo profesional, la educación continua y la adaptación a las nuevas oportunidades laborales siguen siendo principios clave para aumentar nuestros ingresos y avanzar en nuestra carrera.

En resumen, los principios financieros antiguos se aplican en la actualidad porque se basan en conceptos fundamentales que trascienden el tiempo. Aunque las formas y herramientas puedan haber cambiado, los principios básicos de administración financiera siguen siendo relevantes para construir una base sólida y lograr el éxito financiero en la era moderna.

"El Camino hacia la Libertad Financiera"

Había una vez un joven llamado Lucas, que vivía en un encantador pueblo rodeado de verdes colinas. Lucas siempre había anhelado una vida llena de prosperidad y libertad financiera. Un día, mientras exploraba el bosque cercano, se encontró con una figura misteriosa. Era un viejo sabio llamado Emilio, conocido por su profundo conocimiento sobre negocios y préstamos.

Emilio, con su voz sabia y amable, le dijo a Lucas que estaba dispuesto a guiarlo en el camino hacia la riqueza y la independencia económica. A medida que caminaban juntos por el sendero, Emilio comenzó a contarle historias de personas que habían aplicado principios basado en experiencias de sus vidas reales.

Paga a ti mismo primero

Lucas se maravilló al escuchar cómo María, una joven emprendedora, había utilizado el principio de "Paga a ti mismo primero" para ahorrar una parte de sus ganancias antes de gastar en otras cosas.

A medida que Lucas escuchaba la historia de María, su corazón se llenaba de inspiración. Decidió que era el momento de tomar medidas concretas para cambiar su situación financiera. Comenzó a aplicar el principio de "Paga a ti mismo primero" de la misma manera que María lo había hecho.

Cada vez que recibía su salario, Lucas separaba una porción de sus ganancias y la depositaba en una cuenta de ahorros. Incluso cuando surgían gastos inesperados o tentaciones para gastar en cosas superfluas, recordaba el ejemplo de María y se mantenía firme en su compromiso de ahorrar para su futuro.

Con el tiempo, Lucas vio cómo su fondo de emergencia crecía. Esto le brindó una sensación de seguridad y tranquilidad en caso de que enfrentara dificultades financieras imprevistas. Además, tener un fondo de emergencia sólido le permitió considerar oportunidades de emprendimiento sin temor a los riesgos financieros asociados.

Impulsado por su éxito inicial, Lucas decidió dar el siguiente paso en su viaje hacia la libertad financiera. Recordando la historia de María, se propuso emprender nuevos proyectos con confianza. Utilizó una parte de sus ahorros para invertir en un pequeño negocio en línea.

A medida que su negocio crecía, Lucas aplicaba los principios financieros aprendidos de María y de Emilio. Controlaba sus gastos de manera inteligente, priorizando las inversiones necesarias para el crecimiento de su negocio y evitando gastos innecesarios. También continuó ahorrando una parte de sus ganancias y buscando oportunidades de inversión adicionales.

A medida que pasaba el tiempo, Lucas se dio cuenta de que su enfoque disciplinado en la administración financiera estaba dando sus frutos. Su negocio prosperaba y sus ahorros seguían creciendo. Además, al aplicar el principio de "Paga a ti mismo primero" y mantener un fondo de emergencia, Lucas se sentía más seguro y confiado para enfrentar cualquier desafío financiero que pudiera surgir.

La historia de María y la determinación de Lucas para seguir su ejemplo se convirtieron en una fuente de inspiración para muchos en el pueblo. Otros comenzaron a aplicar los principios financieros en sus propias vidas y experimentaron cambios positivos en su bienestar económico.

Lucas, junto con María y Emilio, organizaron talleres y charlas en el pueblo para compartir su conocimiento y ayudar a otros a alcanzar la libertad financiera. Juntos, formaron una comunidad comprometida con el crecimiento financiero y la prosperidad mutua.

La historia de Lucas es un recordatorio de que, a través de la disciplina, la determinación y la aplicación de los principios financieros, cualquier persona puede transformar su vida y lograr la libertad financiera. Con el tiempo, Lucas se convirtió en un ejemplo viviente de cómo el cambio positivo puede ocurrir cuando se toman decisiones financieras inteligentes y se construyen hábitos financieros saludables.

Controla tus gastos

Emilio continuó compartiendo historias fascinantes. Le habló de Alejandro, un hombre con una pasión por los viajes, que aplicaba el principio de "Controla tus gastos" para ajustar su presupuesto y poder viajar sin deudas. Gracias a su enfoque en las experiencias significativas en lugar de los gastos superfluos, Alejandro pudo descubrir el mundo y construir recuerdos inolvidables.

La historia de Alejandro despertó la imaginación de Lucas y su deseo de explorar el mundo. Emilio le contó cómo Alejandro, a pesar de tener un ingreso modesto, logró viajar sin acumular deudas al aplicar el principio de "Controla tus gastos".

Inspirado por esta historia, Lucas decidió examinar detenidamente sus propios gastos y prioridades. Comenzó a llevar un registro de sus gastos diarios y se sorprendió al descubrir cuánto dinero gastaba en cosas innecesarias o superfluas. Se dio cuenta de que, si ajustaba su presupuesto y eliminaba algunos gastos innecesarios, podría destinar más dinero para cumplir su sueño de viajar.

Lucas decidió hacer cambios significativos en su estilo de vida. Redujo los gastos en comidas fuera de casa y en entretenimiento, optando por preparar sus comidas en casa y buscar actividades gratuitas o de bajo costo. También renegoció algunos de sus contratos y servicios, buscando opciones más económicas sin comprometer la calidad.

A medida que controlaba sus gastos, Lucas comenzó a ahorrar una cantidad significativa de dinero cada mes. Con el tiempo, pudo destinar una parte de esos ahorros para financiar su primer viaje. En lugar de acumular deudas, como había hecho en el pasado, Lucas estaba emocionado de embarcarse en una aventura sin preocupaciones financieras.

Durante su viaje, Lucas siguió aplicando el principio de "Controla tus gastos". Optó por alojarse en lugares económicos, buscar ofertas y descuentos en actividades y transportes, y ser selectivo en sus compras durante el viaje. Aunque disfrutó de experiencias significativas y enriquecedoras, evitó caer en la tentación de gastar en cosas que no eran realmente importantes para él.

Cada nuevo destino que Lucas visitaba, cada cultura y experiencia que experimentaba, le recordaba por qué había decidido controlar sus gastos. No solo estaba construyendo recuerdos inolvidables, sino también forjando una base financiera más sólida para su futuro.

A medida que regresaba de su viaje, Lucas se dio cuenta de lo mucho que había aprendido sobre el control de los gastos y la importancia de invertir en experiencias significativas en lugar de en cosas materiales. Comenzó a aplicar este enfoque en su vida cotidiana, priorizando sus gastos en función de lo que realmente le aportaba felicidad y bienestar duradero.

La historia de Alejandro se convirtió en una inspiración para muchos en el pueblo. Lucas, al compartir su propia experiencia y los beneficios de controlar los gastos, ayudó a otros a reconsiderar sus propios hábitos de consumo y a buscar una vida más equilibrada y financieramente responsable.

Lucas aprendió que el control de los gastos no significaba privarse de todo, sino más bien tomar decisiones conscientes y alineadas con sus metas y valores. A medida que aplicaba este principio en su vida, Lucas no solo logró viajar sin deudas, sino que también desarrolló una mentalidad de abundancia y una mayor comprensión de lo que realmente era importante para él en términos de gastos y experiencias.

La historia de Lucas y su viaje hacia la libertad financiera se convirtió en un testimonio de cómo el control de los gastos puede brindar una vida plena y enriquecedora. Su determinación y compromiso demostraron que es posible lograr los sueños financieros sin caer en la trampa del endeudamiento y los gastos excesivos.

A medida que Lucas compartía su historia con otros, más personas se inspiraban a tomar el control de sus finanzas y aplicar el principio de "Controla tus gastos". Comenzaron a examinar detenidamente sus propios patrones de gastos, eliminando lo innecesario y priorizando lo verdaderamente valioso.

La comunidad del pueblo se unió en un espíritu de apoyo y colaboración, compartiendo consejos y estrategias para controlar los gastos y alcanzar metas financieras comunes. Juntos, descubrieron el poder de tomar decisiones financieras conscientes y cómo eso podía marcar la diferencia en sus vidas.

Haz que tu dinero trabaje para ti

Con cada historia, Lucas se sentía más inspirado y deseoso de aplicar los principios financieros en su propia vida. Fue entonces cuando Emilio le habló de Marta, una astuta inversora, que había utilizado el principio de "Haz que tu dinero trabaje para ti". A través de inversiones inteligentes y diversificadas, Marta logró aumentar su riqueza de manera constante y disfrutar de una vida próspera.

Con cada palabra que salía de la boca de Emilio, Lucas podía sentir la emoción y la pasión de Marta por el mundo de las inversiones. Sus ojos se iluminaban al relatar cómo había convertido su dinero en un aliado fiel, capaz de trabajar incansablemente para su beneficio.

Marta no solo había comprendido el valor de ahorrar, sino que había llevado su visión un paso más allá. Decidió tomar las riendas de su futuro financiero y convertirse en una inversora astuta y decidida.

Con un análisis exhaustivo, investigó diferentes opciones y encontró oportunidades prometedoras en diversos sectores.

A pesar de los riesgos y las incertidumbres que acompañan a cualquier inversión, Marta se atrevió a salir de su zona de confort. No se conformó con dejar su dinero en una cuenta de ahorros, esperando pacientemente a que creciera. En cambio, decidió invertir de manera inteligente, diversificando sus activos y aprovechando el potencial del mercado.

No fue un camino sin obstáculos. Hubo momentos en los que el miedo y la incertidumbre amenazaron con socavar su confianza. Sin embargo, Marta se mantuvo firme en su determinación. Aprendió de sus errores y utilizó cada experiencia como una oportunidad para crecer y perfeccionar su estrategia.

Con el tiempo, los frutos de sus esfuerzos comenzaron a manifestarse. Sus inversiones empezaron a generar rendimientos significativos y su patrimonio se expandía. Marta experimentó una sensación de liberación y empoderamiento al darse cuenta de que su dinero no solo se estaba multiplicando, sino que estaba trabajando arduamente para mejorar su calidad de vida.

Pero más allá de las ganancias financieras, lo que realmente llenaba el corazón de Marta era la sensación de seguridad y libertad que había logrado construir. Gracias a su visión audaz y su dedicación incansable, se abrieron puertas que antes parecían inalcanzables. Pudo disfrutar de experiencias que solo había soñado y apoyar causas en las que creía profundamente.

La historia de Marta tocó el alma de Lucas. En ese momento, se prometió a sí mismo que seguiría sus pasos. Estaba dispuesto a superar sus propios miedos y limitaciones, a aprender de los principios financieros ancestrales y a hacer que su dinero trabajara para él. Con lágrimas de inspiración en los ojos, Lucas se levantó, listo para iniciar su propio viaje hacia la libertad financiera y construir un futuro próspero para sí mismo y para aquellos a quienes amaba.

Protege tú riqueza

Al día siguiente, Lucas volvió a encontrarse con Emilio, quien emocionado le contó una nueva historia financiera llena de aprendizajes. Esta vez, se trataba de Javier, un hombre ejemplar que había comprendido la importancia de proteger su riqueza y buscar la seguridad financiera a través de diversas estrategias.

Javier no solo se conformó con adquirir seguros adecuados para salvaguardar el bienestar de su familia, sino que también entendió la importancia de diversificar sus inversiones y no poner todos sus huevos en la misma canasta. Comprendió que el mundo financiero era dinámico y que había que estar preparado para cualquier eventualidad.

Con una visión amplia y una mentalidad enfocada en el crecimiento y la protección de su riqueza, Javier se embarcó en un viaje de aprendizaje y exploración. Estudió diferentes opciones de inversión y se asesoró con expertos financieros para tomar decisiones informadas.

Decidió diversificar sus inversiones, invirtiendo en diferentes activos como acciones, bonos, bienes raíces y fondos de inversión. Javier entendía que esta diversificación no solo le permitiría proteger su riqueza, sino también aprovechar las oportunidades de crecimiento que ofrecía el mercado.

Además, Javier comprendió que era crucial tener un plan financiero sólido y establecer metas claras. Definió un presupuesto adecuado, controló sus gastos y evitó las deudas innecesarias. Ahorró regularmente y destinó una parte de sus ingresos a inversiones que se alineaban con sus objetivos financieros a largo plazo.

A medida que Javier implementaba estas estrategias financieras, comenzó a experimentar los beneficios de su enfoque holístico. Su riqueza se volvió más estable y segura, y pudo enfrentar con confianza los desafíos económicos que surgieron en su camino.

La historia de Javier resonó profundamente en el corazón de Lucas. Comprendió que proteger y garantizar la seguridad financiera no se limitaba solo a los seguros, sino que también involucraba la diversificación de las inversiones y la adopción de estrategias inteligentes.

Con una nueva perspectiva y una determinación renovada, Lucas se despidió de Emilio y se adentró en el mundo financiero con entusiasmo y confianza. Estaba decidido a aprender más sobre la diversificación de inversiones y otras estrategias que le permitirían proteger su riqueza y alcanzar la seguridad financiera que tanto anhelaba.

Con cada historia y cada enseñanza, Lucas se acercaba más a su objetivo de construir un futuro financiero sólido. Sabía que el camino no sería fácil, pero estaba dispuesto a aprender, adaptarse y aplicar los principios financieros que había descubierto. Estaba listo para enfrentar los desafíos, proteger su riqueza y asegurar el bienestar de su familia.

Incrementa tu capacidad de ganancias

Con cada cuento, Lucas se sentía más confiado y determinado a tomar el control de su futuro financiero. Emilio, emocionado por el entusiasmo de Lucas, decidió compartir una última historia que inspiraría aún más su determinación. Esta vez, la protagonista era Ana, una joven profesional decidida a aplicar el principio de "Incrementa tu capacidad de ganancias" en su vida.

Ana comprendió que su educación y desarrollo personal eran inversiones fundamentales para alcanzar un mayor éxito financiero. Con este objetivo en mente, se comprometió a invertir en sí misma y aprovechar cada oportunidad de aprendizaje y crecimiento.

Asistió a conferencias y seminarios relacionados con su campo profesional, aprovechando la sabiduría y experiencia de expertos en la industria. Ana comprendió que estas experiencias no solo le brindaban conocimientos valiosos, sino que también expandían su red de contactos y le abrían las puertas a nuevas oportunidades laborales.

Además, Ana se dio cuenta de que el desarrollo de habilidades adicionales le permitiría destacarse en el mercado laboral. Se inscribió en cursos y talleres especializados para fortalecer sus habilidades técnicas y adquirir competencias en áreas emergentes.

A medida que Ana incrementaba su capacidad de ganancias, su carrera comenzó a florecer. Sus conocimientos actualizados y su conjunto de habilidades ampliado la hicieron destacar en su campo. Fue reconocida por su dedicación y profesionalismo, lo que le permitió obtener promociones y aumentos salariales significativos.

Pero Ana no se detuvo allí. Reconociendo la importancia de mantenerse al día en un entorno laboral en constante evolución, buscó oportunidades de crecimiento continuo. Participó en programas de mentoría y estableció conexiones con profesionales influyentes de su industria.

Gracias a su enfoque en el desarrollo personal y profesional, Ana logró alcanzar metas que parecían inalcanzables. Su capacidad de ganancias se multiplicó, y con ello llegaron más oportunidades y estabilidad financiera.

La historia de Ana resonó profundamente en el corazón de Lucas. Se dio cuenta de que invertir en su propia educación y desarrollo personal no solo le abriría puertas en su carrera, sino que también le brindaría mayores oportunidades de crecimiento financiero.

Decisión

Inspirado por todas estas historias de éxito, Lucas se comprometió a aplicar los principios financieros en su vida cotidiana. Comenzó a ahorrar diligentemente, a controlar sus gastos, a buscar oportunidades de inversión, a proteger su riqueza y a invertir en su desarrollo personal. A medida que avanzaba en su viaje hacia la libertad financiera, Lucas se convirtió en un faro de conocimiento y sabiduría.

Con una nueva determinación, Lucas agradeció a Emilio por compartir todas estas historias transformadoras. Ahora estaba más decidido que nunca a aplicar los principios financieros que había aprendido.

Decidió invertir en su educación, asistir a conferencias y buscar oportunidades para desarrollar habilidades adicionales en su campo. Estaba dispuesto a expandir su capacidad de ganancias y abrir las puertas a nuevas y emocionantes oportunidades laborales.

Con cada historia y cada lección, Lucas se sentía más empoderado y preparado para enfrentar su propio camino hacia la prosperidad financiera. Estaba listo para invertir en sí mismo, aumentar su capacidad de ganancias y crear un futuro financiero exitoso.

Con su determinación en alto, Lucas se despidió de Emilio y se adentró en un nuevo capítulo de su vida con confianza y entusiasmo. Sabía que había descubierto las claves para alcanzar la estabilidad financiera y estaba decidido a aplicarlas en su propio camino hacia el éxito.

Capítulo 2: Invierte en Propiedades para tu Futuro

En este capítulo, exploraremos los conceptos para adquirir propiedades e invertir en fica raíz. Descubrirás por qué la inversión en bienes raíces puede ser una estrategia poderosa para aumentar tu patrimonio y generar ingresos pasivos. Aprenderás a evaluar oportunidades inmobiliarias, a calcular el retorno de inversión y a superar los obstáculos comunes en el mundo de los bienes raíces.

Invertir en propiedades puede ser una estrategia sólida para asegurar tu futuro financiero por varias razones clave:

Oportunidades inmobiliarias

Estabilidad y crecimiento del valor: A lo largo del tiempo, las propiedades tienden a aumentar su valor, lo que significa que tu inversión podría generar ganancias significativas a medida que pasa el tiempo. A diferencia de otros activos que pueden ser volátiles, como acciones o criptomonedas, las propiedades suelen ser más estables y ofrecen un crecimiento constante.

Flujo de ingresos pasivos: Al adquirir propiedades para alquilar, puedes generar ingresos regulares a través de los alquileres. Estos ingresos pasivos pueden proporcionarte una fuente adicional de dinero que podrías destinar a tus gastos diarios, ahorros o inversiones adicionales.

Diversificación de tu cartera: La inversión en propiedades te permite diversificar tu cartera de inversiones. Al no depender únicamente de acciones o bonos, puedes reducir el riesgo y aumentar tus posibilidades de obtener retornos positivos. Las propiedades inmobiliarias pueden complementar otras inversiones y ofrecerte una mayor seguridad financiera.

Beneficios fiscales: En muchos países, existen beneficios fiscales asociados con la inversión en propiedades. Los gastos relacionados con la propiedad, como los impuestos, los seguros y el mantenimiento, a menudo son deducibles de impuestos. Además, es posible que también puedas aprovechar beneficios como la depreciación de la propiedad para reducir tu carga impositiva.

Control y apalancamiento: Al invertir en propiedades, tienes un mayor control sobre tu inversión. Puedes tomar decisiones relacionadas con la gestión de la propiedad, como la fijación de alquileres, mejoras o la venta de la propiedad en el momento adecuado. Además, puedes aprovechar el apalancamiento, es decir, utilizar financiamiento para adquirir propiedades, lo que te permite obtener una mayor exposición a la propiedad con una inversión inicial más baja.

Protección contra la inflación: Las propiedades inmobiliarias suelen ser una buena protección contra la inflación. A medida que los precios aumentan, el valor de tus propiedades y los alquileres también tienden a aumentar, lo que puede ayudarte a mantener tu poder adquisitivo a largo plazo.

Obstáculos

Sin embargo, es importante tener en cuenta que invertir en propiedades también conlleva riesgos y requiere un análisis cuidadoso. Es esencial investigar el mercado, comprender los costos asociados con la propiedad y evaluar el potencial de retorno antes de tomar cualquier decisión de inversión. Consultar con expertos financieros y profesionales inmobiliarios puede brindarte orientación adicional para tomar decisiones informadas.

En resumen, invertir en propiedades puede ser una estrategia sólida para asegurar tu futuro financiero, ofreciendo estabilidad, ingresos pasivos, diversificación, beneficios fiscales, control y protección contra la inflación. Sin embargo, como en cualquier inversión, es importante hacer una investigación exhaustiva y tomar decisiones informadas para maximizar los beneficios y minimizar los riesgos.

Cuando se trata de decidir dónde realizar inversiones inmobiliarias, es importante considerar varios factores clave. Uno de ellos es el conocimiento del mercado local. Si estás familiarizado con el mercado inmobiliario de tu país, puedes aprovechar ese conocimiento para tomar decisiones más informadas y aprovechar las oportunidades que se presenten.

La estabilidad económica y política es otro aspecto a considerar. Si tu país cuenta con una economía sólida y políticas favorables para los inversores, puede ser una señal positiva para realizar inversiones inmobiliarias locales. Sin embargo, si hay inestabilidad económica o política, es posible que desees evaluar si invertir en un país más estable, como Estados Unidos, podría ser una opción más segura.

También es esencial analizar los riesgos y las regulaciones asociados con la inversión inmobiliaria en cada ubicación. Cada país tiene sus propias leyes, impuestos y restricciones que debes comprender antes de tomar una decisión. Evaluar los costos y las implicaciones legales en cada lugar te ayudará a tomar una decisión más informada.

El análisis de la rentabilidad y el potencial de crecimiento es otro aspecto importante. Debes evaluar la demanda del mercado inmobiliario, el potencial de apreciación de las propiedades y la rentabilidad de los alquileres en tu país y en Estados Unidos. Comparar las oportunidades en ambos mercados te permitirá evaluar dónde podrías obtener mayores beneficios.

La diversificación de la cartera también es un factor a considerar. Si ya tienes inversiones en tu país, diversificar geográficamente invirtiendo en propiedades en Estados Unidos podría ser una opción atractiva. Esto te permitiría tener exposición a diferentes mercados y reducir el riesgo asociado con una única ubicación.

Recuerda que la inversión inmobiliaria conlleva riesgos, sin importar la ubicación. Es importante realizar un análisis detallado, buscar asesoramiento de expertos y evaluar tus objetivos financieros personales antes de tomar una decisión. Considera tus recursos, conocimientos y nivel de comodidad al invertir en tu país o en el extranjero.

En resumen, tanto las inversiones inmobiliarias en tu país como en Estados Unidos pueden ser viables, dependiendo de factores como el conocimiento del mercado local, la estabilidad económica, los riesgos y regulaciones, la rentabilidad y el potencial de crecimiento, así como la diversificación de tu cartera. Analiza cuidadosamente estas variables y consulta con profesionales financieros antes de tomar una decisión final.

"Un gran cambio en la vida de Andrés"

Había una vez un joven llamado Andrés, quien se encontraba en una difícil situación financiera. Había perdido su empleo y sus ahorros se agotaban rápidamente. El futuro parecía incierto y la tristeza se había apoderado de su vida.

Sin embargo, un día, mientras caminaba por las calles desanimado, se topó con un cartel que anunciaba una charla sobre inversiones inmobiliarias. Aunque su corazón estaba lleno de pesar, algo dentro de él lo impulsó a asistir a la charla.

Durante la charla, Andrés escuchó historias inspiradoras de personas que habían superado situaciones similares a la suya gracias a las inversiones inmobiliarias. Aunque escuchar aquello le parecía inalcanzable en su situación actual, decidió darle una oportunidad. Con la última pizca de esperanza que le quedaba, se propuso aprender todo lo posible sobre el tema.

Andrés se dedicó a estudiar y formarse en el campo de las inversiones inmobiliarias. Leyó libros, tomó cursos en línea y buscó mentores dispuestos a compartir sus conocimientos. Poco a poco, comenzó a comprender los conceptos clave y a vislumbrar un futuro diferente para sí mismo.

A pesar de su situación económica desfavorable, Andrés decidió dar un primer paso valiente. Con el poco dinero que le quedaba, compró una pequeña propiedad en un vecindario prometedor. No tenía los recursos para hacer grandes renovaciones, pero se esforzó al máximo para mejorarla y hacerla atractiva para los posibles inquilinos.

Con el tiempo, Andrés encontró un inquilino para su propiedad y comenzó a recibir un ingreso estable. Ese pequeño éxito le dio confianza y motivación para seguir adelante. Poco a poco, comenzó a invertir en más propiedades, utilizando los ingresos generados por sus primeras inversiones para financiar las siguientes.

A medida que Andrés adquiría más propiedades, su situación financiera empezó a mejorar notablemente. Su determinación y enfoque en aprender y crecer en el campo de las inversiones inmobiliarias dieron frutos. Se convirtió en un experto en el mercado local y en un respetado inversionista en su comunidad.

Con el tiempo, Andrés construyó un imperio inmobiliario. Sus propiedades generaban ingresos pasivos significativos y le permitían vivir la vida que siempre había soñado. Se convirtió en un ejemplo de superación y éxito para muchos otros que enfrentaban dificultades financieras.

La tristeza que una vez había invadido el corazón de Andrés se transformó en alegría y gratitud. Había logrado superar los obstáculos y construir un futuro prometedor para sí mismo y su familia. Su historia inspiradora se difundió ampliamente, y muchos buscaban su consejo y guía para seguir sus pasos hacia el éxito financiero.

La historia de Andrés demostró que, incluso en los momentos más oscuros, siempre hay una oportunidad para comenzar de nuevo. Con perseverancia, conocimiento y una actitud positiva, cualquiera puede superar las adversidades y alcanzar un rotundo éxito en el campo de las inversiones inmobiliarias.

¡Pero! ¿Qué factores hicieron que Andrés tuviera éxito?

Varios factores contribuyeron al éxito de Andrés en el campo de las inversiones inmobiliarias. Estos incluyen:

Determinación y perseverancia: A pesar de encontrarse en una situación financiera difícil, Andrés no se rindió. Mantuvo una mentalidad positiva y se dedicó a aprender todo lo posible sobre las inversiones inmobiliarias. Su determinación y perseverancia fueron fundamentales para superar los obstáculos y seguir adelante.

Formación y conocimiento: Andrés se tomó el tiempo para educarse en el campo de las inversiones inmobiliarias. Leyó libros, tomó cursos y buscó mentores dispuestos a compartir sus conocimientos. Su esfuerzo por adquirir una base sólida de conocimientos le brindó la confianza necesaria para tomar decisiones informadas y minimizar los riesgos.

Acción valiente: A pesar de tener recursos financieros limitados, Andrés dio un primer paso valiente al invertir en una pequeña propiedad. Aprovechó las oportunidades que se presentaban y se esforzó al máximo para mejorar la propiedad y atraer inquilinos. Su voluntad de asumir riesgos calculados fue crucial para comenzar su camino hacia el éxito.

Aprendizaje y adaptabilidad: Andrés no se conformó con sus conocimientos iniciales. Continuó aprendiendo y adaptándose a medida que avanzaba en su trayectoria como inversionista inmobiliario. Estuvo dispuesto a adquirir nuevas habilidades, entender las tendencias del mercado y adaptarse a los cambios para aprovechar las oportunidades.

Enfoque en el crecimiento a largo plazo: Andrés no buscaba resultados instantáneos. Tenía una visión a largo plazo y se enfocaba en construir un portafolio de propiedades rentables. A medida que obtenía ingresos de sus inversiones iniciales, reinvertía en la adquisición de más propiedades, lo que le permitió aumentar su flujo de efectivo y su patrimonio neto a lo largo del tiempo.

Conexiones y redes de apoyo: Andrés buscó mentores y se rodeó de personas con experiencia en el campo de las inversiones inmobiliarias. Estas conexiones le brindaron orientación, consejos valiosos y oportunidades de colaboración. Contar con una red de apoyo fue fundamental para su crecimiento y desarrollo como inversionista.

En resumen, el éxito de Andrés en las inversiones inmobiliarias se debió a su determinación, conocimiento, acción valiente, capacidad de aprendizaje, enfoque a largo plazo y conexiones sólidas. Estos factores combinados le permitieron superar los desafíos, aprovechar las oportunidades y alcanzar el éxito financiero que tanto anhelaba.

Retorno a la inversión inmobiliaria

Imagínate que estás interesado en invertir en finca raíz y quieres saber cómo recuperar el retorno de tu inversión. Aquí te presento diferentes formas de lograrlo.

Cuando hablamos de recuperar el retorno de la inversión en finca raíz, nos referimos a obtener ganancias o beneficios económicos a partir de una inversión que hayas realizado en propiedades inmobiliarias, como casas o apartamentos.

Existen diferentes formas de lograrlo. Una de ellas es a través de la valorización de la propiedad, lo cual significa que el valor de la propiedad aumenta con el tiempo. Si compras una propiedad a un precio razonable y luego el mercado inmobiliario se fortalece, podrías vender la propiedad a un precio más alto y obtener una ganancia.

Otra forma es mediante el alquiler de la propiedad. Si tienes una finca raíz, puedes alquilarla a alguien y recibir un pago mensual por ello. Este dinero puede ayudarte a cubrir los gastos relacionados con la propiedad, como los impuestos o el mantenimiento, y también puede generar un ingreso adicional para ti.

Además, está la estrategia del "flipping". Esta consiste en comprar una propiedad, hacerle mejoras o remodelaciones y luego venderla rápidamente para obtener ganancias. Requiere un buen conocimiento del mercado inmobiliario y habilidades de negociación para hacer una buena compra y venta.

También existe la posibilidad de desarrollar proyectos inmobiliarios. Esto implica adquirir terrenos y construir propiedades para luego venderlas o alquilarlas. Aunque puede ser más arriesgado y requerir más inversión, puede generar mayores ganancias a largo plazo si se hace correctamente.

Recuerda que recuperar el retorno de la inversión en finca raíz lleva tiempo y depende de varios factores, como el mercado y la gestión adecuada de la propiedad. Es importante realizar un análisis cuidadoso y, si es necesario, buscar el asesoramiento de expertos en el campo inmobiliario para tomar decisiones informadas y maximizar tus posibilidades de obtener beneficios financieros.

Factores a tener en cuenta

El cálculo del retorno de la inversión (ROI) en una inversión inmobiliaria sigue la misma lógica que en cualquier otra inversión financiera. Se trata de determinar el beneficio obtenido de la inversión en una propiedad inmobiliaria y compararlo con el costo inicial de la misma. Si el beneficio es mayor que el costo inicial, se considera un retorno positivo.

Para calcular el ROI en una inversión inmobiliaria, se suman los ingresos generados por la propiedad, como el alquiler o la venta, y se restan los gastos asociados, como los impuestos, el mantenimiento y los intereses del préstamo. Luego, se divide la diferencia entre los ingresos y los gastos por el costo inicial de la inversión y se multiplica por 100 para obtener el porcentaje de retorno.

Es importante tener en cuenta que el cálculo del ROI en una inversión inmobiliaria puede ser más complejo debido a factores como el valor de mercado de la propiedad, la apreciación o depreciación del inmueble y los flujos de efectivo a lo largo del tiempo. Además, es esencial considerar los riesgos asociados, como la vacancia de la propiedad o los cambios en el mercado inmobiliario.

En resumen, el ROI en una inversión inmobiliaria permite evaluar la rentabilidad de la misma en comparación con su costo inicial. Sin embargo, es necesario considerar otros factores y realizar un análisis más detallado para tener una visión completa de la inversión y tomar decisiones informadas.

Un ejemplo:

Supongamos que compras una propiedad por $200,000 y la alquilas por $1,000 al mes. Los gastos asociados, como impuestos, mantenimiento y préstamo hipotecario, suman un total de $300 al mes. Durante el año, los ingresos por alquiler serían $12,000 (1,000 al mes x 12 meses) y los gastos serían $3,600 (300 al mes x 12 meses).

Para calcular el ROI, restamos los gastos de los ingresos: $12,000 - $3,600 = $8,400. Luego, dividimos esta diferencia por el costo inicial de la inversión ($200,000) y lo multiplicamos por 100 para obtener el porcentaje de retorno: ($8,400 / $200,000) x 100 = 4.2%.

En este ejemplo, el ROI de la inversión inmobiliaria sería del 4.2%. Esto significa que, en términos porcentuales, obtendrías un retorno del 4.2% sobre tu inversión inicial.

Es importante recordar que este es solo un ejemplo simplificado y que en la práctica hay otros factores a considerar, como la apreciación o depreciación del valor de la propiedad y los costos adicionales. Realizar un análisis exhaustivo y considerar todos los aspectos relevantes te permitirá obtener una imagen más precisa de la rentabilidad de la inversión.

Capítulo 3: Los Hábitos que te Lleva- rán a la Ri- queza

El libro "Hábitos de Ricos" será nuestro punto de partida para explorar la importancia de establecer hábitos financieros saludables. En este capítulo, descubrirás cómo los hábitos cotidianos pueden tener un impacto significativo en tus finanzas. Aprenderás a identificar y eliminar los hábitos perjudiciales, mientras desarrollas nuevos comportamientos financieros positivos que te llevarán hacia la prosperidad.

Juan Diego Gómez nos invita a sumergirnos en el apasionante mundo de las finanzas, descubriendo los valiosos hábitos de las personas prósperas. Aprendiendo el arte de gastar sabiamente, diferenciando entre nuestras necesidades y deseos para evitar el consumismo excesivo que nos aleja de nuestras metas financieras. Además, establecer metas financieras claras nos brinda una brújula que nos guía hacia nuestros sueños económicos, trazando un camino con plazos y acciones concretas. Al combinar el ahorro con la inversión inteligente, se presencia la magia de hacer crecer el dinero y aprovechar las oportunidades del mercado. Cultivar múltiples fuentes de ingresos hace que nos liberemos de depender únicamente de un salario, permitiéndonos desarrollar nuestros talentos y pasiones. Mantener una alta motivación basada en nuestro propósito de vida nos impulsa a superar obstáculos y creer en nuestro potencial para lograr grandes cosas. A través de la educación financiera y la búsqueda de asesoría experta, tomando decisiones informadas se maximizan nuestras oportunidades. Mantener una mentalidad positiva y abierta a nuevas posibilidades nos empodera para alcanzar la prosperidad financiera. Estos hábitos se convierten en las piedras angulares para tomar el control de nuestro futuro financiero y construir una vida de abundancia y realización. ¡Descubre el poder transformador que reside en ti al aplicar estos hábitos en tu vida financiera! (Gómez, 2018)

Hábitos financieros saludables

Imagina que tus hábitos diarios pudieran tener un impacto mágico en tus finanzas. Pues déjame decirte que ¡es absolutamente cierto! Los pequeños hábitos que practicas todos los días pueden marcar una gran diferencia en tu situación financiera.

Piensa en tus compras. A menudo, compramos cosas que realmente no necesitamos. Pero si aprendes a gastar sabiamente, podrás discernir entre lo que es esencial y lo que es un simple deseo. Esto significa evitar el consumismo excesivo y centrarte en lo que realmente importa. Al tomar decisiones de compra más conscientes, podrás ahorrar dinero y dirigirlo hacia metas financieras más importantes.

¿Has establecido metas financieras claras para ti mismo? Tener una visión clara de lo que deseas lograr con tu dinero es esencial. Al establecer metas específicas y trazar un plan para alcanzarlas, te mantendrás enfocado y motivado. Define plazos realistas y toma medidas concretas para lograr tus objetivos. Esta simple práctica te ayudará a tomar decisiones financieras más acertadas y te acercará cada vez más a tus sueños.

No olvides el poder del ahorro e inversión regular. Ahorrar dinero es importante, pero no es suficiente. Asegúrate de que tu dinero esté trabajando para ti a través de inversiones inteligentes y diversificadas. Aprovecha las oportunidades que ofrece el mercado y busca formas de hacer crecer tu dinero. Con el tiempo, tus inversiones generarán ingresos adicionales y te acercarán a la libertad financiera.

¿Has considerado crear múltiples fuentes de ingresos? No te limites a depender de un solo salario. Explota tus talentos y pasiones para generar ingresos adicionales. Puedes emprender proyectos paralelos, ofrecer servicios freelance o desarrollar habilidades que te permitan obtener ingresos extra. Cuantas más fuentes de ingresos tengas, más seguridad financiera tendrás y más cerca estarás de tus metas.

Recuerda también mantener una mentalidad positiva. Cree en ti mismo y en tu capacidad para lograr el éxito financiero. Elimina los pensamientos negativos y las creencias limitantes que te impiden avanzar. Mantén una actitud optimista y busca oportunidades en cada desafío. Una mentalidad positiva te ayudará a tomar decisiones financieras inteligentes y a superar cualquier obstáculo en tu camino hacia la prosperidad.

Otro hábito importante es llevar un control financiero adecuado. Llevar un registro de tus ingresos y gastos te permitirá tener una visión clara de tu situación financiera. Puedes utilizar herramientas simples como hojas de cálculo o aplicaciones de presupuesto para realizar un seguimiento de tus flujos de efectivo. Al conocer tus gastos, podrás identificar áreas donde puedes reducir costos y destinar más dinero hacia tus metas financieras.

Además, es esencial desarrollar la disciplina de pagar tus deudas a tiempo. Evita los pagos tardíos o incumplimientos, ya que pueden generar intereses y cargos adicionales que afectarán negativamente tu presupuesto. Al pagar tus deudas puntualmente, no solo mantendrás una buena reputación crediticia, sino que también evitarás acumular más deudas en el futuro.

No subestimes el poder de la educación financiera continua. Aprender sobre inversiones, impuestos, manejo del crédito y otros aspectos financieros te brindará el conocimiento necesario para tomar decisiones informadas y evitar errores costosos. Dedica tiempo a leer libros, asistir a seminarios o buscar recursos en línea que te ayuden a mejorar tus habilidades financieras. Cuanto más aprendas, más confianza tendrás al tomar decisiones financieras importantes.

Por último, no olvides la importancia de construir una red de apoyo financiero. Busca mentores o personas con experiencia en el ámbito financiero que puedan guiarte y brindarte consejos valiosos. Participa en grupos de discusión o comunidades en línea donde puedas compartir ideas y experiencias con personas que tienen metas financieras similares. Juntos, podrán inspirarse y motivarse mutuamente en su camino hacia el éxito financiero.

Recuerda, cada pequeño hábito cuenta. No subestimes el poder de tus acciones diarias en tus finanzas. Al cultivar hábitos financieros saludables, podrás construir una base sólida para alcanzar tus metas y vivir la vida financiera que deseas. ¡Así que comienza hoy mismo y prepárate para cosechar los frutos de tus esfuerzos en el futuro!

Hábitos perjudiciales que hay que evitar

En resumen, los hábitos cotidianos tienen un poder sorprendente sobre tus finanzas. Al gastar sabiamente, establecer metas claras, ahorrar e invertir regularmente, crear múltiples fuentes de ingresos, mantener una mentalidad positiva y tomar decisiones inteligentes, podrás construir una base sólida para tu éxito financiero. Nuestros hábitos diarios pueden tener un impacto significativo en nuestras finanzas. Para mejorar tus hábitos financieros, aquí te ofrecemos consejos sencillos pero efectivos.

El primer consejo es gastar sabiamente. Aprende a distinguir entre tus necesidades reales y tus deseos superficiales. Evita caer en el consumismo excesivo y mantén el enfoque en tus metas financieras a largo plazo.

Otro aspecto importante es establecer metas claras. Define qué deseas lograr financieramente y crea un plan detallado para alcanzarlo. Establece plazos realistas y acciones específicas que te mantengan motivado y comprometido con tu éxito financiero.

Además, no olvides la importancia de ahorrar e invertir regularmente. No se trata solo de guardar dinero, sino de hacerlo crecer de forma inteligente. Aprovecha las oportunidades de inversión y busca alternativas que te ayuden a aumentar tu patrimonio a largo plazo.

Para tener una mayor estabilidad financiera, diversifica tus fuentes de ingresos. No dependas únicamente de un salario, sino que busca formas de generar ingresos adicionales. Explota tus habilidades y pasiones para encontrar nuevas oportunidades de ganar dinero.

Otro hábito perjudicial es la deuda de alto interés. Si tienes deudas con tasas de interés elevadas, como las deudas de tarjetas de crédito, es importante priorizar su pago. Trabaja para reducir tu deuda y evita acumular intereses adicionales. Esto te permitirá liberarte de cargas financieras y avanzar hacia una mayor estabilidad económica.

No pospongas el ahorro. Muchas veces tendemos a postergar el ahorro pensando que lo haremos más adelante, pero este hábito nos limita en nuestro progreso financiero. Establece el hábito de ahorrar regularmente, aunque sea una pequeña cantidad. Con el tiempo, esos ahorros se acumularán y te brindarán seguridad y flexibilidad financiera.

Evalúa tus gastos mensuales y busca oportunidades para recortar los gastos innecesarios. Identifica aquellos gastos superfluos o prescindibles y redirige ese dinero hacia tus metas financieras, ya sea el ahorro o la inversión. Ser consciente de tus gastos te ayudará a tomar decisiones más inteligentes y controlar mejor tu presupuesto.

No ignores tus finanzas. Mantente al tanto de tus cuentas, pagos y estados financieros. Ignorar tus finanzas puede llevarte a problemas como pagos atrasados, cargos por intereses y perder oportunidades valiosas. Realiza un seguimiento regular de tus transacciones y asegúrate de mantener tu presupuesto actualizado. Esto te permitirá tener una visión clara de tu situación financiera y tomar decisiones informadas.

Evita compararte financieramente con los demás. Cada persona tiene circunstancias y metas financieras diferentes, por lo que es importante enfocarte en tus propias metas y progreso. Compararte constantemente con los demás puede generar insatisfacción y llevarte a tomar decisiones inadecuadas. Mantén tu enfoque en tus objetivos y haz lo necesario para alcanzarlos.

Recuerda que, al eliminar estos hábitos perjudiciales, estarás allanando el camino hacia una mayor estabilidad financiera. El cambio requiere tiempo, esfuerzo y disciplina, pero con perseverancia, podrás deshacerte de estos hábitos dañinos y mejorar significativamente tu situación económica. ¡Tú tienes el poder de construir una vida financiera sólida y exitosa!

Por último, cultiva una mentalidad positiva. Cree en ti mismo y en tu capacidad para alcanzar tus metas financieras. Elimina los pensamientos negativos y mantén el enfoque en el progreso y el éxito. Una mentalidad positiva te ayudará a superar obstáculos y a mantener la motivación a largo plazo.

Un llamado a la atención

Recuerda que los pequeños cambios en tus hábitos diarios pueden tener un gran impacto en tu situación financiera. Con determinación y práctica, estarás en el camino hacia una vida económica más saludable y próspera. ¡Tú tienes el poder de tomar el control de tus finanzas y alcanzar tus sueños!

No subestimes el poder de los pequeños cambios en tus hábitos diarios. Cada elección financiera que hagas, por mínima que parezca, puede tener un impacto significativo en tu situación económica. Con determinación y práctica, estarás en el camino hacia una vida financiera más saludable y próspera. Recuerda siempre que tienes el poder de tomar el control de tus finanzas y alcanzar tus sueños. ¡El cambio está en tus manos!

Capítulo 4: Lecciones de los Maestros de la Riqueza

Este capítulo examinará las perspectivas de educación financiera que se transmitieron de generación en generación. Aprenderás a desafiar las creencias comunes sobre el dinero y a adoptar una mentalidad enriquecedora que te permita aprovechar las oportunidades financieras. Descubrirás cómo el conocimiento financiero puede romper los ciclos de pobreza y abrirte las puertas hacia una vida abundante.

"El Camino hacia la Prosperidad Financiera"

En un pequeño pueblo llamado Arbolitos, vivía una familia muy especial: los Martínez. El señor Martínez, Don Pepe para sus amigos, era un hombre trabajador y dedicado a su familia. A lo largo de los años, había aprendido valiosas lecciones sobre la importancia del ahorro y la planificación financiera. Siempre decía que era necesario "guardar un poco para los días difíciles".

Don Pepe, un hombre trabajador y dedicado, tuvo experiencias tanto de fracaso como de éxito en su vida. En sus primeros años, cuando era joven y recién casado, Don Pepe tuvo una tienda de abarrotes en el centro del pueblo. Estaba emocionado por emprender su propio negocio y brindarles una vida mejor a su esposa e hijos.

Sin embargo, a pesar de su arduo trabajo, la tienda de abarrotes no tuvo el éxito esperado. La competencia era feroz y las ganancias eran escasas. Don Pepe se encontró luchando para mantener su negocio a flote y, eventualmente, tuvo que cerrar la tienda. Fue un momento difícil para él y su familia, se sintieron desanimados y preocupados por el futuro.

Pero Don Pepe no se rindió. Aprendió de sus errores y decidió cambiar su enfoque. Comenzó a trabajar en empleos temporales para mantener a su familia mientras reflexionaba sobre su siguiente paso. Fue durante este tiempo que comenzó a investigar sobre la importancia del ahorro y la planificación financiera.

Don Pepe se dio cuenta de que necesitaba tener una visión a largo plazo y establecer metas claras para su familia. Comenzó a ahorrar diligentemente cada mes, incluso si era solo una pequeña cantidad. Además, buscó oportunidades para aumentar sus ingresos, trabajando horas extras y buscando trabajos adicionales en su tiempo libre.

Poco a poco, los ahorros de Don Pepe comenzaron a acumularse. Con el dinero que había guardado, decidió invertir en un terreno en las afueras del pueblo. A medida que pasaban los años, el valor del terreno aumentó significativamente, y Don Pepe supo que había tomado la decisión correcta.

Con los beneficios de la venta del terreno, Don Pepe decidió abrir un pequeño taller de carpintería. Utilizando sus habilidades y su pasión por la madera, comenzó a fabricar muebles de alta calidad que pronto se hicieron populares en la región. Su negocio creció y se convirtió en una fuente constante de ingresos para su familia.

El éxito de Don Pepe en su negocio de carpintería fue el resultado de su determinación, aprendizaje de los errores pasados y su enfoque en el ahorro y la planificación financiera. A medida que el tiempo pasaba, los Martínez se convirtieron en una familia próspera y respetada en el pueblo de Arbolitos.

La historia de Don Pepe muestra que, aunque enfrentó dificultades y fracasos en un momento dado, nunca dejó que eso lo definiera. En lugar de darse por vencido, aprendió de sus errores, cambió su enfoque y buscó oportunidades para mejorar su situación financiera.

Don Pepe es un ejemplo inspirador de cómo la perseverancia, la sabiduría financiera y el aprendizaje constante pueden transformar la vida de una persona. Su historia enseña que el fracaso no es el final, sino una oportunidad para aprender y crecer. Con su espíritu emprendedor, Don Pepe demostró que el éxito financiero puede ser alcanzado incluso después de enfrentar adversidades.

Doña Rosa, su esposa, también tenía su sabiduría propia. Ella conocía el valor de invertir en su hogar y en su familia. Cada centavo que podían ahorrar lo destinaban a mejorar su casa y a brindarles a sus hijos las mejores oportunidades.

Pero Doña Rosa cometió un error, había invertido sus ahorros en un pequeño negocio de artesanías. Desafortunadamente, una serie de circunstancias desfavorables y cambios en el mercado llevaron a la quiebra del negocio de Doña Rosa. Perder su inversión y su fuente de ingresos fue un golpe devastador para ella y su familia.

Don Pepe, viendo el sufrimiento de su esposa y la difícil situación en la que se encontraban, decidió tomar cartas en el asunto. A pesar de haber perdido parte de sus propios ahorros en el negocio de Doña Rosa, no se rindió. Con su determinación y sabiduría financiera adquirida a lo largo de los años, ideó un plan para ayudar a su familia a recuperarse.

En primer lugar, Don Pepe buscó empleo adicional para generar ingresos adicionales mientras buscaba oportunidades para ahorrar dinero. Cortó gastos innecesarios y se enfocó en las necesidades básicas de la familia. Cada peso ahorrado era importante para su plan de recuperación.

Luego, Don Pepe utilizó parte de sus ahorros restantes para invertir en un terreno en las afueras del pueblo. Aunque era un riesgo, confiaba en que la propiedad aumentaría su valor con el tiempo. Mientras tanto, continuó trabajando duro en sus empleos y buscando nuevas formas de generar ingresos.

Poco a poco, la situación comenzó a mejorar. El valor del terreno comenzó a aumentar, lo que les brindó una fuente de ingresos adicional cuando finalmente decidieron venderlo. Con ese dinero, Don Pepe y Doña Rosa pudieron comenzar de nuevo.

Esta vez, Don Pepe decidió invertir en un negocio más estable y rentable: una pequeña tienda de comestibles en el centro del pueblo. Utilizando su experiencia y conocimiento sobre los gustos y necesidades de la comunidad, lograron establecer una clientela fiel.

Con el tiempo, la tienda de comestibles se convirtió en un éxito y brindó una fuente de ingresos estable para la familia Martínez. Gracias a la determinación y sabiduría financiera de Don Pepe, lograron recuperarse de las dificultades y reconstruir su vida.

La historia de Doña Rosa y Don Pepe es un recordatorio de la importancia de la perseverancia y la planificación financiera. A pesar de haber enfrentado la pérdida de todo lo que tenían, no se rindieron. En cambio, utilizaron sus conocimientos y recursos disponibles para comenzar de nuevo y encontrar el camino hacia la estabilidad financiera.

Pero fue su hija, Carolina, quien realmente llevó la determinación de su familia a otro nivel. Desde muy joven, Carolina tenía un espíritu emprendedor y una gran pasión por los negocios. No pasó mucho tiempo antes de que empezara a vender galletas y dulces hechos en casa para ganar un dinero extra.

Don Pepe, un hombre sabio y lleno de experiencia, no solo logró superar las dificultades financieras junto a su esposa Doña Rosa, sino que también compartió su sabiduría con su hija Carolina. Desde muy joven, Don Pepe enseñó a Carolina las reglas del dinero y las finanzas, preparándola para un futuro exitoso.

Don Pepe comprendía la importancia de la educación financiera y sabía que era fundamental brindarle a Carolina las herramientas necesarias para enfrentar los desafíos económicos de la vida. Desde temprana edad, le explicó conceptos básicos como el ahorro, la inversión y el gasto responsable.

Cada semana, Don Pepe y Carolina se sentaban juntos para revisar las finanzas familiares. Don Pepe le mostraba cómo elaborar un presupuesto, cómo distinguir entre necesidades y deseos, y cómo establecer metas financieras realistas. Además, compartía con ella valiosas lecciones sobre la importancia de la disciplina financiera y la paciencia en la construcción de la riqueza.

A medida que Carolina crecía, Don Pepe le dio la oportunidad de participar en decisiones financieras familiares. La involucraba en la planificación de inversiones y en la administración de sus ahorros. Esto le permitió desarrollar habilidades prácticas y entender cómo aplicar los conceptos financieros en situaciones reales.

Con el tiempo, Carolina se convirtió en una joven financieramente inteligente y emprendedora. Siguiendo los pasos de su padre, decidió invertir en su educación. Se esforzó por obtener un título universitario en finanzas y, al mismo tiempo, buscó oportunidades para adquirir experiencia práctica en el mundo empresarial.

A medida que Carolina crecía, su amor por los negocios también crecía. Decidió estudiar Administración de Empresas en la universidad y se sumergió en el mundo de los emprendimientos. Aprendió sobre estrategias de marketing, gestión financiera y cómo hacer crecer un negocio.

Con el tiempo, Carolina decidió regresar a Arbolitos y comenzar su propio negocio. Abrió una pequeña tienda en el centro del pueblo, donde vendía productos hechos a mano por artesanos locales. Además, se aseguró de llevar una amplia variedad de productos para satisfacer las necesidades de todos en la comunidad.

El negocio de Carolina prosperó y se convirtió en un lugar muy popular en Arbolitos. Sus clientes apreciaban la calidad de los productos y el compromiso de apoyar a los productores locales. Con sus ganancias, Carolina pudo expandir su tienda y contratar a más personas de la comunidad.

La sabiduría y orientación de Don Pepe fueron fundamentales para el éxito de Carolina. Ella aplicó las lecciones aprendidas y se convirtió en una empresaria exitosa. Su enfoque prudente y su conocimiento en finanzas le permitieron alcanzar sus metas y tener una vida económicamente estable.

La historia de Don Pepe y Carolina es un testimonio del poder de la educación financiera y el apoyo familiar. Gracias a la guía de Don Pepe, Carolina pudo desarrollar una mentalidad financiera sólida, adquirir habilidades valiosas y construir un futuro próspero. Su éxito demuestra cómo la educación financiera temprana y las enseñanzas de los padres pueden marcar una gran diferencia en la vida de sus hijos.

La historia de la familia Martínez y el éxito de Carolina se convirtieron en un ejemplo inspirador para todos en Arbolitos. La determinación, el ahorro y la visión de futuro de esta familia demostraron que, incluso en un pueblo pequeño, es posible alcanzar la prosperidad financiera.

A medida que los años pasaron, la comunidad de Arbolitos se transformó. Muchos jóvenes se sintieron motivados a emprender sus propios negocios y a seguir los pasos de los Martínez. La economía local se fortaleció y el pueblo creció en prosperidad.

La historia de la familia Martínez resalta la importancia de tener un mentor en el camino hacia la creación de riqueza y el éxito financiero. Don Pepe, como mentor de su hija Carolina, no solo transmitió valiosas lecciones sobre el dinero, sino que también le brindó el apoyo y la guía necesarios para triunfar en el mundo de las finanzas.

Don Pepe entendía que contar con un mentor puede marcar una gran diferencia en el desarrollo personal y profesional. Su experiencia y sabiduría permitieron a Carolina evitar errores comunes y aprovechar oportunidades financieras. A través de la tutoría de Don Pepe, Carolina aprendió a tomar decisiones inteligentes, a ser disciplinada y a establecer metas financieras claras.

La historia de los Martínez nos enseña que tener un mentor en el ámbito financiero puede acelerar nuestro crecimiento y aumentar nuestras posibilidades de éxito. Un mentor puede proporcionarnos una perspectiva invaluable, compartir su experiencia y brindarnos el apoyo necesario para alcanzar nuestras metas financieras.

En resumen, la historia de la familia Martínez y su hija Carolina nos enseña que el ahorro, la inversión y la determinación pueden marcar la diferencia en nuestras vidas. La tutoría de Don Pepe permitió a Carolina adquirir las habilidades necesarias para construir un futuro próspero. La historia nos inspira a buscar mentores en nuestras propias vidas y a aprovechar la oportunidad de aprender de aquellos que han alcanzado el éxito financiero. Con un mentor a nuestro lado, podemos superar obstáculos, tomar decisiones acertadas y abrirnos camino hacia la creación de riqueza y la realización de nuestros sueños. No importa dónde vivamos o cuáles sean nuestras circunstancias, todos tenemos la capacidad de lograr la prosperidad financiera si estamos dispuestos a trabajar duro y tomar las decisiones correctas.

Creencias sobre el dinero

A menudo, estas creencias limitantes nos impiden alcanzar nuestro potencial financiero y nos mantienen estancados en situaciones de escasez. Sin embargo, es posible superar estas creencias y adoptar una mentalidad enriquecedora que nos permita aprovechar las oportunidades financieras.

El dinero es escaso

La creencia de que el dinero es escaso y difícil de conseguir es muy común y puede limitarnos en nuestras finanzas. Esta mentalidad de escasez nos lleva a adoptar comportamientos de restricción excesiva, como ahorrar en exceso o negarnos a invertir en nosotros mismos. También nos conformamos con situaciones financieras mediocres, resignándonos a vivir una vida de limitaciones económicas.

Sin embargo, es importante cambiar nuestra mentalidad y comenzar a creer en la abundancia y las posibilidades financieras. El dinero es una energía que fluye en el universo, y hay múltiples oportunidades para obtenerlo si estamos abiertos a ellas. Reconocer esto nos ayuda a deshacernos de la mentalidad de escasez y a abrirnos a nuevas posibilidades.

Para cambiar nuestra mentalidad, es útil practicar la gratitud por lo que tenemos en nuestras vidas financieras en este momento. Agradecer por el dinero que entra en nuestras vidas, por nuestras fuentes de ingresos y por las oportunidades que se presentan, nos ayuda a enfocarnos en la abundancia en lugar de la escasez. Además, podemos cultivar una actitud de apertura y receptividad hacia el dinero y las oportunidades financieras, confiando en que el universo nos proveerá lo que necesitamos.

Es importante recordar que la abundancia no solo se trata de acumular grandes cantidades de dinero, sino de tener una mentalidad de prosperidad en todos los aspectos de nuestra vida. Esto implica estar dispuestos a invertir en nosotros mismos, en nuestro crecimiento personal y profesional, y en buscar oportunidades que nos permitan expandir nuestros ingresos. Al creer en la abundancia y abrirnos a las posibilidades financieras, podemos superar la creencia de la escasez y crear una vida de prosperidad y realización.

Recuerda que cambiar nuestra mentalidad requiere tiempo y práctica constante. Pero al hacerlo, nos liberamos de las restricciones y limitaciones que nos imponemos a nosotros mismos y abrimos las puertas hacia una vida financiera más plena y satisfactoria.

La fuente de todos mis problemas

Una creencia común sobre el dinero es la idea de que es la fuente de todos los problemas. Esta mentalidad nos lleva a evitar el dinero o a sentirnos culpables por buscar la riqueza. Sin embargo, es esencial cambiar nuestra perspectiva y reconocer que el dinero en sí mismo no es bueno ni malo, sino que es nuestra actitud y la forma en que lo utilizamos lo que determina su impacto en nuestras vidas.

El dinero es simplemente una herramienta, un medio de intercambio que nos permite cubrir nuestras necesidades, alcanzar nuestras metas y crear oportunidades. No es el dinero en sí lo que causa problemas, sino nuestra relación y comportamiento hacia él. Es importante entender que el dinero no define nuestra valía como personas, ni es la causa de todos nuestros problemas. El dinero es neutro, es la forma en que lo manejamos y lo utilizamos lo que tiene un impacto en nuestras vidas y en las de los demás.

Para superar esta creencia, es necesario cambiar nuestra perspectiva y ver el dinero como una herramienta positiva y poderosa para crear oportunidades, ayudar a otros y lograr nuestros sueños. Aprender a manejarlo de manera responsable y consciente nos permite liberarnos de la carga emocional negativa asociada con él.

En lugar de evitar el dinero o sentirnos culpables por buscar la riqueza, podemos enfocarnos en aprender a administrarlo de manera efectiva y en utilizarlo como una herramienta para mejorar nuestras vidas y las de aquellos que nos rodean. Esto implica adquirir conocimientos sobre finanzas personales, establecer metas financieras claras y desarrollar hábitos financieros saludables.

Al cambiar nuestra perspectiva y ver el dinero como una herramienta para crear oportunidades y lograr nuestros sueños, nos liberamos de los sentimientos de culpa y evitación. Nos empoderamos para tomar decisiones financieras inteligentes y alineadas con nuestros valores, y nos abrimos a un mundo de posibilidades para mejorar nuestra calidad de vida.

Recuerda que cambiar nuestra mentalidad y superar estas creencias comunes sobre el dinero requiere tiempo, práctica y paciencia. Pero al hacerlo, nos liberamos de las limitaciones y nos abrimos a una relación saludable y positiva con el dinero, lo que nos permite aprovechar al máximo su potencial para crear una vida plena y próspera.

Los ricos son ricos y punto

Otra creencia común es la idea de que solo los ricos pueden tener éxito financiero. Esta creencia limitante nos impide tomar acciones para mejorar nuestras finanzas y nos hace sentir desalentados desde el principio. Sin embargo, es fundamental desafiar esta creencia y comprender que la riqueza y el éxito financiero están al alcance de todos, independientemente de su origen o situación actual.

Es cierto que algunas personas pueden comenzar con más ventajas en términos de recursos financieros, educación o conexiones, pero eso no significa que el éxito financiero esté reservado exclusivamente para ellos. La realidad es que existen numerosos ejemplos de personas que han surgido desde situaciones difíciles y han logrado alcanzar la independencia financiera.

La clave para superar esta creencia es educarnos y adquirir conocimientos financieros. Aprender sobre conceptos como presupuesto, ahorro, inversión y manejo de deudas nos proporciona las herramientas necesarias para tomar el control de nuestras finanzas y trabajar hacia nuestros objetivos financieros.

Además, es importante desarrollar habilidades para administrar y hacer crecer nuestro dinero. Esto implica aprender a tomar decisiones financieras informadas, buscar oportunidades de ingresos adicionales, desarrollar una mentalidad emprendedora y buscar la asesoría adecuada cuando sea necesario.

Romper con la creencia de que solo los ricos pueden tener éxito financiero requiere un cambio de mentalidad y una actitud positiva hacia nuestras propias capacidades. Es importante recordar que cada uno de nosotros tiene el poder de crear nuestra propia historia de éxito financiero.

Al desafiar esta creencia limitante y tomar medidas concretas para mejorar nuestras finanzas, podemos comenzar a construir un camino hacia la independencia financiera y el éxito. Cada pequeño paso que damos, ya sea ahorrar un poco más cada mes, aprender sobre inversiones o buscar oportunidades para aumentar nuestros ingresos, nos acerca más a nuestros objetivos financieros.

Recuerda que el éxito financiero no se logra de la noche a la mañana, requiere tiempo, esfuerzo y persistencia. Pero al educarnos, desarrollar habilidades financieras y creer en nuestro propio potencial, podemos romper el paradigma de que solo los ricos pueden tener éxito financiero y construir una vida financiera próspera y satisfactoria.

En resumen, superar las creencias comunes sobre el dinero requiere un cambio de mentalidad y una apertura a nuevas perspectivas. Al adoptar una mentalidad enriquecedora y desafiar las creencias limitantes, podemos abrirnos a las oportunidades financieras, tomar acciones para mejorar nuestras finanzas y crear una vida de abundancia y éxito. Recuerda que tus creencias sobre el dinero tienen un impacto directo en tus acciones y resultados financieros, así que elige creer en tu capacidad de lograr la prosperidad financiera y trabaja hacia ello con determinación y confianza.

Una vida llena de abundancia

Una vida de abundancia financiera en la actualidad requiere de una combinación de factores y decisiones financieras sólidas. Para lograrlo, es fundamental adquirir conocimientos en educación financiera, lo cual implica entender conceptos como presupuesto, ahorro, inversión y manejo de deudas. Cuando una persona tiene una buena educación financiera, puede tomar decisiones informadas sobre cómo utilizar su dinero de manera inteligente.

Además, es importante contar con una fuente de ingresos estable y satisfactoria, ya sea a través de un empleo o emprendimiento exitoso. Si tienes un empleo, es recomendable buscar oportunidades para avanzar en tu carrera y aumentar tus ingresos con el tiempo. También puedes considerar emprender tu propio negocio, lo cual puede brindarte mayores oportunidades para generar ingresos y acumular riqueza.

El ahorro regular es esencial para construir una base sólida para la abundancia financiera. Establecer un presupuesto y cumplirlo te ayudará a controlar tus gastos, identificar áreas de mejora y destinar una parte de tus ingresos al ahorro e inversión.

Asimismo, invertir tu dinero de manera inteligente puede generar rendimientos significativos a largo plazo. Puedes considerar diferentes opciones de inversión, como acciones, bonos, bienes raíces, fondos mutuos o incluso invertir en tu propio negocio. Es importante realizar una investigación exhaustiva, diversificar tus inversiones y tener en cuenta tu tolerancia al riesgo.

Reducir las deudas es otro aspecto clave para lograr la abundancia financiera. El endeudamiento excesivo puede ser un obstáculo, por lo que es importante gestionar las deudas de manera responsable. Priorizar el pago de las deudas con tasas de interés altas y evitar adquirir nuevas deudas innecesarias te ayudará a liberar más dinero para ahorrar e invertir.

Para alcanzar la abundancia financiera, también es fundamental tener una mentalidad positiva y un enfoque a largo plazo. Esto implica establecer metas financieras realistas, mantener la disciplina en tus hábitos financieros, superar obstáculos y persistir en tus esfuerzos incluso cuando enfrentes desafíos.

Además, la generosidad y la gratitud juegan un papel importante en la abundancia financiera. No se trata solo de acumular riqueza para uno mismo, sino también de compartir y ayudar a los demás. Practicar la generosidad y la gratitud crea un sentido de satisfacción y plenitud, y puede generar más oportunidades y conexiones en tu vida.

Es importante recordar que la abundancia financiera no se trata solo de la acumulación de dinero, sino de encontrar un equilibrio en todas las áreas de la vida. Cada persona tiene sus propias definiciones de abundancia y objetivos financieros, por lo que es importante tomar decisiones financieras sólidas de acuerdo con tus valores y disfrutar del camino hacia la abundancia financiera.

Capítulo 5: Educación Financiera

¡Hola a todos!

Hoy quiero hablarles de un tema que considero crucial en nuestra vida: la educación financiera. No es un tema que a menudo nos enseñen en la escuela, pero es fundamental para alcanzar la abundancia y el éxito financiero.

La educación financiera es el primer paso hacia una vida plena y próspera. Nos permite adquirir conocimientos y habilidades para administrar nuestro dinero de manera efectiva. No se trata solo de ganar dinero, sino de aprender a utilizarlo de forma inteligente y estratégica.

Imaginen tener el poder de tomar decisiones informadas sobre cómo invertir, ahorrar y manejar sus deudas. Esto es lo que la educación financiera puede hacer por ustedes. Les dará el control de su vida financiera y les permitirá trazar un camino hacia la libertad económica.

La educación financiera implica comprender conceptos clave como el presupuesto, el ahorro, la inversión y el manejo de deudas. Al aprender a crear un presupuesto, podrán controlar sus gastos y destinar una parte de sus ingresos al ahorro y la inversión. Esto es fundamental para construir una base sólida para el futuro.

Además, aprender sobre la inversión les brindará la oportunidad de hacer que su dinero trabaje para ustedes. Al invertir de manera inteligente, pueden generar rendimientos significativos a largo plazo. Pueden explorar diferentes opciones, como acciones, bonos, bienes raíces o incluso invertir en su propio negocio. La educación financiera les dará las herramientas necesarias para tomar decisiones acertadas en este ámbito.

También es importante aprender a manejar las deudas de manera responsable. La educación financiera les enseñará a priorizar el pago de las deudas con tasas de interés altas y a evitar nuevas deudas innecesarias.

La reducción gradual de las deudas liberará más dinero para que puedan ahorrar e invertir en sus metas y sueños.

La educación financiera no solo se trata de los aspectos técnicos del dinero, sino también de cultivar una mentalidad positiva y un enfoque a largo plazo. Es crucial establecer metas financieras realistas y mantener la disciplina en nuestros hábitos financieros. A lo largo del camino, enfrentaremos obstáculos y desafíos, pero es importante perseverar y superarlos con determinación.

Pero no olvidemos que la educación financiera también nos enseña sobre la generosidad y la gratitud. La abundancia financiera no solo se trata de acumular riqueza para nosotros mismos, sino también de compartir y ayudar a los demás. Practicar la generosidad y la gratitud crea un sentido de satisfacción y plenitud en nuestras vidas.

Así que los invito a dar el primer paso hacia una vida de abundancia y éxito financiero. Aprovechen los recursos disponibles, los libros, los cursos en línea, las comunidades financieras y rodéense de personas que comparten sus mismas metas. Nunca es demasiado tarde para comenzar a educarse financieramente y tomar el control de su futuro.

Recuerden, la educación financiera es una herramienta poderosa que les permitirá alcanzar sus sueños y vivir una vida plena y próspera. ¡Así que vayan por ella y construyan su camino hacia el éxito financiero!

Ventajas de leer

Hoy quiero hablarles de una actividad que puede transformar su vida y abrirles las puertas hacia el éxito financiero: la lectura. Leer no solo es una fuente de entretenimiento y conocimiento general, sino que también puede ser una herramienta poderosa para mejorar nuestra educación financiera. Permítanme compartir con ustedes algunas de las ventajas de leer en este ámbito.

La primera ventaja es que la lectura nos brinda acceso a una amplia variedad de información y conocimientos. Existen innumerables libros, artículos y recursos dedicados a la educación financiera. Al leer sobre este tema, podemos adquirir conocimientos valiosos que nos permitirán tomar decisiones financieras más informadas y acertadas. A través de la lectura, podemos aprender sobre estrategias de inversión, consejos para ahorrar y gestionar deudas, así como también conocer historias inspiradoras de personas que han alcanzado la libertad financiera.

La segunda ventaja es que la lectura nos ayuda a desarrollar una mentalidad financiera positiva y empoderada. Al sumergirnos en libros relacionados con la educación financiera, nos exponemos a nuevas ideas y perspectivas que nos inspiran a tomar acciones concretas para mejorar nuestra situación económica. Nos motiva a buscar oportunidades, a tomar riesgos calculados y a ser responsables con nuestro dinero. La lectura puede ayudarnos a superar creencias limitantes y a adoptar una mentalidad de abundancia, lo cual es fundamental para lograr el éxito financiero.

Además, la lectura nos permite aprender de las experiencias de expertos y personas exitosas en el ámbito financiero. Podemos acceder a libros escritos por reconocidos inversores, emprendedores y asesores financieros que comparten sus conocimientos y estrategias probadas. Estas historias de éxito nos brindan inspiración y nos muestran que, con dedicación y esfuerzo, también podemos lograr nuestros objetivos financieros. La lectura nos ayuda a aprender de los triunfos y fracasos de otros, evitando así cometer los mismos errores y aprovechando las lecciones aprendidas.

Además, la lectura es una actividad que podemos realizar en cualquier momento y lugar. No importa si estamos en casa, en el transporte público o esperando en una sala de espera, siempre podemos llevar un libro o tener acceso a contenido digital para seguir aprendiendo sobre educación financiera. Aprovechemos esos momentos de tiempo libre para nutrir nuestra mente con información valiosa que nos llevará más cerca de nuestros objetivos financieros.

Por último, la lectura nos ayuda a desarrollar el hábito de aprendizaje continuo. En el mundo financiero, las cosas están en constante cambio. Nuevas estrategias, productos y tendencias surgen regularmente. Al leer de forma constante, nos mantenemos actualizados y nos adaptamos a los cambios del mercado. El aprendizaje continuo es esencial para seguir creciendo y mejorando nuestra educación financiera a lo largo del tiempo.

Así que los invito a abrir un libro, a explorar blogs o a sumergirse en artículos relacionados con la educación financiera. Permitan que la lectura sea su guía en el camino hacia la libertad financiera. No subestimen el poder de un libro para transformar su perspectiva y su situación económica.

"Odisea de Carlos hacia el Éxito Financiero"

En un pequeño y humilde rincón del mundo, había un joven llamado Carlos. Su corazón latía con una pasión inquebrantable y un sueño audaz: quería crear una empresa que transformara la vida de las personas a través de la educación financiera. Aunque su bolsillo estaba vacío y su cuenta bancaria era un eco triste, Carlos sabía que la verdadera riqueza se encontraba en el conocimiento.

Desafiando las limitaciones impuestas por su entorno, Carlos se sumergió en libros, artículos y cualquier recurso que pudiera encontrar. Empapado en palabras impresas, su mente se llenaba de ideas y estrategias. Se levantaba temprano y se acostaba tarde, devorando cada página con sed insaciable de conocimiento.

El brillo de la esperanza se encendió en los ojos de Carlos cuando un destello de inspiración iluminó su mente. Decidió crear una plataforma en línea, un santuario virtual donde aquellos sedientos de conocimiento financiero pudieran encontrar refugio. A pesar de sus limitados recursos, no permitió que nada lo detuviera.

Con cada línea de código y cada diseño creativo, Carlos construyó su plataforma desde cero. Cada obstáculo en el camino parecía querer sofocar su sueño, pero él se aferraba a su visión con uñas y dientes. El desánimo intentó hacerle flaquear, pero Carlos se negó a rendirse. El fracaso solo era una invitación a encontrar una solución diferente, una oportunidad para crecer y aprender.

Finalmente, llegó el día en que su plataforma tomó vida. Los cursos brillaban como estrellas en el firmamento digital, las herramientas de educación financiera eran tesoros al alcance de todos. Carlos había dado vida a su sueño, pero esto era solo el comienzo.

La montaña rusa de emociones no se detuvo ahí. Hubo días de duda y desesperación, momentos en los que el peso del mundo parecía caer sobre sus hombros. Pero Carlos se aferraba a su visión, sabiendo que el verdadero éxito se construye sobre la base de los fracasos.

Con cada cliente satisfecho y cada testimonio de cambio de vida, el fuego de la pasión en el corazón de Carlos se avivaba. Su empresa empezó a crecer y a expandirse como un incendio imparable. Carlos se convirtió en un faro de conocimiento financiero, guiando a miles de personas hacia la seguridad y la independencia económica.

Su historia se convirtió en una leyenda, un cuento de valentía y perseverancia que inspiraba a otros a atreverse a soñar. Carlos nunca olvidó sus humildes raíces y la importancia de ayudar a quienes más lo necesitaban. Lanzó programas de becas y donaciones, extendiendo su mano para que otros también pudieran alcanzar las estrellas.

En el corazón de Carlos, había emoción, drama y una determinación inquebrantable. Su historia nos recuerda que los sueños, por más desafiantes que sean, pueden hacerse realidad cuando se enfrentan con pasión, valentía y una voluntad inquebrantable de nunca darse por vencido.

Aprender a aprender

Imaginen por un momento que tienen en sus manos la clave que puede abrir las puertas hacia una vida financiera próspera y llena de éxito. ¿Qué harían? ¿La usarían de inmediato? ¡Claro que sí! Y esa clave es el poder del aprendizaje.

El mundo financiero está en constante cambio y aquellos que se adaptan y aprenden de manera continua son los que logran destacar. ¿Pero cómo se aprende a aprender? Permítanme compartir con ustedes algunos consejos que los impulsarán hacia el camino del éxito financiero.

En primer lugar, es fundamental tener una mente abierta y curiosa. No teman a lo desconocido, abracen cada oportunidad de aprender algo nuevo sobre finanzas. Cada día es una oportunidad para adquirir nuevos conocimientos, habilidades y perspectivas.

En segundo lugar, establezcan metas claras y específicas. ¿Qué es lo que desean lograr financieramente? ¿Es pagar sus deudas, invertir en el mercado de valores o emprender su propio negocio? Definan sus metas y manténganlas siempre presentes. Esto les dará la motivación necesaria para aprender y crecer constantemente.

En tercer lugar, busquen fuentes confiables de información financiera. Hay una gran cantidad de recursos disponibles: libros, cursos en línea, expertos en finanzas y comunidades en línea. Asegúrense de seleccionar fuentes que estén respaldadas por expertos y que ofrezcan información actualizada y relevante.

Además, aprovechen al máximo las experiencias prácticas. No solo se trata de leer libros y tomar cursos, sino de aplicar lo que aprenden en la vida real. Prueben diferentes estrategias financieras, tomen riesgos calculados y aprendan de sus propios errores. El aprendizaje práctico es invaluable y los llevará más cerca del éxito financiero.

Por último, rodearse de personas que comparten su pasión por aprender y crecer financieramente. Formen parte de comunidades, grupos de estudio o redes de profesionales del sector. Compartan ideas, discutan estrategias y motívense mutuamente. Juntos, podrán alcanzar niveles de éxito que nunca imaginaron.

En resumen, aprender a aprender es la llave que abrirá las puertas hacia el éxito financiero. Mantengan una mente abierta, establezcan metas claras, busquen fuentes confiables, apliquen lo que aprenden y rodéense de personas inspiradoras. ¡Recuerden que el conocimiento es poder y ustedes tienen el poder de alcanzar la abundancia financiera!

¡Les deseo a todos un viaje emocionante y lleno de aprendizaje hacia el éxito financiero! ¡No tengan miedo de aprender y crecer, el éxito está a su alcance!

Capítulo 6: El Poder Del Deseo

¡Buenos días/tardes a todos! Hoy nos reunimos aquí para explorar el increíble poder del deseo y cómo puede marcar la diferencia en nuestras vidas financieras. ¿Alguna vez te has preguntado cómo el deseo puede influir en tus finanzas? Permíteme llevarte en un viaje que te abrirá los ojos a nuevas posibilidades y te mostrará cómo el deseo puede impulsarte hacia el éxito financiero. Prepárate para descubrir la magia que reside dentro de ti y cómo puedes utilizarla para transformar tu vida financiera. ¡Comencemos!

Despertando el Deseo

El deseo es un motor poderoso que impulsa nuestra motivación y determinación hacia el logro de grandes cosas, incluido el éxito financiero. Es esa pasión ardiente dentro de nosotros que nos empuja a actuar y persistir en la consecución de nuestros objetivos financieros.

Despertar nuestro deseo interior es el primer paso para utilizarlo como combustible hacia el éxito financiero. Esto implica conectar con nuestra pasión por alcanzar la libertad financiera, vivir una vida próspera y lograr nuestros sueños financieros más profundos. El deseo nos inspira a dar lo mejor de nosotros mismos, a superar obstáculos y a perseverar a pesar de las dificultades que podamos encontrar en nuestro camino.

La visualización es una herramienta poderosa que complementa y fortalece nuestro deseo. Consiste en crear imágenes claras y vívidas de nuestras metas financieras y de cómo sería nuestra vida una vez que las hayamos alcanzado. Al visualizar nuestras metas y aspiraciones, podemos imaginar con detalle los logros financieros que deseamos, cómo nos sentiríamos y cómo se vería nuestra vida en ese estado de libertad financiera.

La visualización nos ayuda a mantenernos enfocados en nuestras metas, a medida que creamos una imagen mental clara y positiva de nuestro futuro financiero. Esto nos ayuda a mantener viva la motivación y nos impulsa a tomar acciones coherentes con nuestros objetivos financieros. Al visualizarnos en el éxito financiero, estamos programando nuestra mente para creer en nuestras capacidades y atraer las oportunidades necesarias para alcanzar nuestras metas.

Recuerda que el deseo y la visualización no son suficientes por sí solos, pero son una poderosa combinación cuando se acompañan de la acción y el compromiso. El deseo nos da la energía y la pasión para actuar, y la visualización nos mantiene enfocados y conectados con nuestras metas a largo plazo.

Así que, despierta tu deseo interior y utilízalo como combustible para alcanzar el éxito financiero. Visualiza tus metas con claridad y vive la experiencia en tu mente. Con determinación y acción, podrás convertir tus sueños financieros en una realidad tangible. ¡El poder del deseo y la visualización te llevará más cerca de la vida financiera que siempre has deseado!

Transformando el Deseo en Acción

Establecer metas financieras claras es un elemento crucial en el camino hacia el éxito financiero. Al definir metas específicas y concretas, estamos canalizando nuestro deseo en acciones tangibles y nos brindamos una dirección clara hacia dónde queremos llegar.

Cuando establecemos metas financieras claras, es importante que sean alcanzables y medibles. Esto significa que nuestras metas deben ser realistas y factibles en el marco de nuestras circunstancias y recursos actuales. Al mismo tiempo, deben ser medibles, lo que nos permitirá evaluar nuestro progreso y realizar ajustes según sea necesario.

Al tener metas financieras claras y alcanzables, podemos desarrollar un plan financiero y una estrategia efectiva para alcanzarlas. La planificación y la estrategia nos brindan una hoja de ruta hacia nuestras metas y nos ayudan a mantenernos enfocados en el camino hacia el éxito financiero.

Es beneficioso dividir nuestras metas financieras en pasos más pequeños y tangibles. Esto nos permite crear hitos y logros intermedios que son más fáciles de alcanzar y nos brindan una sensación de progreso y éxito a medida que avanzamos hacia nuestra meta final. Además, al descomponer nuestras metas en pasos más pequeños, el camino hacia el éxito financiero se vuelve más manejable y menos abrumador.

El desarrollo de un plan financiero y una estrategia nos ayuda a trazar ese camino claro hacia el éxito financiero. Podemos identificar las acciones específicas que debemos tomar, los recursos que necesitamos y las fechas límite que debemos cumplir. Al tener un plan estructurado, nos volvemos más organizados y disciplinados en nuestra búsqueda del éxito financiero.

Recuerda que el establecimiento de metas financieras claras y la planificación estratégica son solo el comienzo. La acción es fundamental para hacer realidad nuestros sueños financieros. A medida que nos mantenemos enfocados en nuestras metas, ejecutamos nuestro plan financiero y tomamos medidas consistentes, nuestro deseo se mantendrá encendido y nos acercaremos cada vez más al éxito financiero que buscamos.

Así que, establece tus metas financieras claras, desarrolla un plan y una estrategia para alcanzarlas, y toma acción de manera consistente. Con determinación y perseverancia, estarás en el camino hacia el éxito financiero que tanto deseas. ¡Recuerda que tú tienes el poder de convertir tus metas financieras en una realidad!

Manteniendo el Deseo Vivo

Persistencia y resiliencia son cualidades fundamentales en el camino hacia el éxito financiero. A medida que te enfrentas a desafíos y obstáculos, es vital mantener tu deseo vivo y no permitir que las dificultades te desanimen.

El camino hacia el éxito financiero puede presentar contratiempos, momentos de incertidumbre y dificultades inesperadas. Pero recuerda, cada obstáculo es una oportunidad para crecer y acercarte aún más a tus metas financieras. Cultiva la persistencia para no rendirte fácilmente y la resiliencia para recuperarte rápidamente de los contratiempos.

La persistencia implica mantener tu deseo y motivación a pesar de las dificultades. Es una mentalidad de no darse por vencido, de seguir adelante incluso cuando las cosas se ponen difíciles. Cultivar la persistencia te ayudará a superar los obstáculos y a mantenerte enfocado en tus metas financieras a largo plazo.

La resiliencia es la capacidad de recuperarse y adaptarse frente a los desafíos. A medida que te enfrentas a dificultades en tu viaje financiero, es importante aprender de cada experiencia y buscar soluciones creativas. La resiliencia te permite ajustarte a las circunstancias cambiantes y encontrar nuevas formas de avanzar hacia tus metas.

Además, es crucial celebrar tus logros a lo largo de tu viaje financiero, por pequeños que sean. Reconoce tus avances y permítete disfrutar de tus éxitos. Esto no solo te dará una sensación de logro y satisfacción, sino que también mantendrá tu deseo encendido y te motivará a seguir adelante en tu búsqueda del éxito financiero.

Al celebrar tus logros, te darás cuenta del progreso que has logrado y te recordará que estás en el camino correcto. Estos momentos de celebración te darán el impulso necesario para enfrentar nuevos desafíos y te recordarán que eres capaz de alcanzar tus metas financieras.

En resumen, la persistencia y la resiliencia son fundamentales para superar los desafíos en el camino hacia el éxito financiero. Cultivar estas cualidades te permitirá mantener vivo tu deseo, aprender de las experiencias y adaptarte a las circunstancias cambiantes. No olvides celebrar tus logros a lo largo de tu viaje financiero para mantener tu motivación y recordarte que estás avanzando hacia tus metas. ¡Recuerda que eres capaz de superar cualquier obstáculo y alcanzar el éxito financiero que deseas!

Del Deseo a la Disciplina

La motivación y el enfoque son dos conceptos diferentes. Mientras que la motivación puede fluctuar y no siempre estar presente, el deseo profundo y apasionado es lo que nos impulsa a mantenernos disciplinados en nuestro camino hacia el éxito financiero.

A menudo, la motivación puede ser fugaz y su intensidad puede disminuir con el tiempo. Sin embargo, cuando tenemos un deseo ardiente de alcanzar nuestras metas financieras, ese deseo se convierte en la fuerza impulsora que nos mantiene disciplinados y enfocados, incluso cuando la motivación disminuye.

El deseo actúa como un recordatorio constante de por qué queremos lograr el éxito financiero. Nos ayuda a mantenernos comprometidos con nuestros objetivos a largo plazo y nos brinda la determinación para seguir adelante, incluso cuando nos enfrentamos a desafíos y obstáculos en el camino.

A través del deseo, podemos cultivar la disciplina necesaria para tomar las acciones requeridas en nuestra búsqueda del éxito financiero. La disciplina se basa en la consistencia y la voluntad de seguir adelante, incluso cuando no sentimos una motivación inmediata. Es la capacidad de hacer lo que se debe hacer, incluso cuando no es fácil o cómodo.

El deseo nos ayuda a establecer prioridades claras y nos guía hacia la toma de decisiones alineadas con nuestros objetivos financieros. Nos ayuda a superar las distracciones y a mantenernos concentrados en las tareas que nos acercarán al éxito financiero.

Es cierto que no siempre podemos tener motivación, pero a través del deseo, podemos construir y fortalecer la disciplina. El deseo es el fuego que enciende la pasión y la determinación necesarias para tomar medidas consistentes y seguir adelante, incluso cuando los tiempos se vuelven difíciles.

Así que, nutre tu deseo interior, mantén tu visión clara y aprovecha el poder de la disciplina para avanzar hacia tus metas financieras. Recuerda que el deseo y la disciplina te permitirán superar los momentos en los que la motivación flaquea y te llevarán hacia el éxito financiero que anhelas. ¡Sigue persiguiendo tus sueños y no dejes que nada te detenga en tu camino hacia el éxito financiero!

Superando Obstáculos

Aunque el deseo y la determinación son poderosos impulsores para alcanzar nuestras metas, a veces nos encontramos con obstáculos que pueden dificultar nuestro camino hacia el éxito financiero. Algunos de los obstáculos más comunes que pueden afectar nuestra determinación y desviar nuestro enfoque son:

Miedo al fracaso

El miedo al fracaso es una emoción común y natural que puede afectar nuestra determinación y detenernos en la búsqueda de nuestras metas financieras. Surge del temor a cometer errores y enfrentar consecuencias negativas, lo que nos lleva a dudar de nuestras habilidades y limitar nuestro impulso para tomar los riesgos necesarios.

El miedo al fracaso puede paralizarnos, mantenernos estancados en nuestra zona de confort y evitar que busquemos oportunidades que podrían llevarnos al éxito financiero. Nos hace cuestionar nuestras capacidades y nos hace preocuparnos por el qué dirán los demás si no alcanzamos nuestros objetivos.

Sin embargo, es importante reconocer que el fracaso es una parte natural del camino hacia el éxito. Muchas personas exitosas han enfrentado fracasos en su trayectoria, pero lo que los distingue es su capacidad para aprender de esas experiencias y utilizarlas como trampolín hacia el crecimiento y el logro.

Superar el miedo al fracaso implica cambiar nuestra perspectiva y adoptar una mentalidad de aprendizaje. En lugar de ver el fracaso como una derrota, podemos verlo como una oportunidad de aprendizaje y crecimiento. Cada error o fracaso nos brinda lecciones valiosas que nos ayudan a mejorar, ajustar nuestra estrategia y acercarnos más a nuestras metas financieras.

Es importante recordar que el fracaso no define nuestra valía o nuestro potencial. Todos cometemos errores en algún momento, pero eso no significa que no seamos capaces de alcanzar el éxito financiero. Al enfrentar el miedo al fracaso, podemos desarrollar una mayor confianza en nuestras habilidades y en nuestra capacidad para superar cualquier obstáculo que se nos presente en el camino.

Tomar riesgos calculados es esencial en el mundo financiero. A veces, el mayor riesgo es no tomar ninguno. Al enfrentar el miedo al fracaso y estar dispuestos a asumir ciertos riesgos, abrimos la puerta a oportunidades emocionantes y al potencial de alcanzar el éxito financiero que deseamos.

Recuerda que el miedo al fracaso es normal, pero no permitas que te paralice. Acepta los desafíos, aprende de tus errores y continúa avanzando hacia tus metas financieras con confianza y determinación. El fracaso no es el final, es solo un paso en el camino hacia el éxito. ¡No te detengas por el miedo al fracaso y permítete crecer y prosperar en tu camino hacia el éxito financiero!

Falta de confianza

La falta de confianza en nuestras capacidades puede tener un impacto significativo en nuestra determinación y en nuestro camino hacia el éxito. Cuando no creemos en nosotros mismos, nuestras metas y sueños pueden parecer inalcanzables, lo que puede llevarnos a sentirnos desanimados y a abandonar nuestros esfuerzos antes de tiempo.

La confianza en uno mismo es esencial para mantenernos motivados y perseverar en la búsqueda de nuestras metas financieras. Cuando confiamos en nuestras habilidades, nos sentimos capaces de enfrentar desafíos, tomar decisiones importantes y superar obstáculos. La confianza nos impulsa a tomar acción y a creer que podemos lograr lo que nos proponemos.

Sin embargo, la falta de confianza puede hacernos dudar de nuestras capacidades y crear barreras mentales que nos impiden avanzar. Puede surgir de experiencias pasadas negativas, comparaciones con los demás o incluso del miedo al fracaso. Estos sentimientos de duda y desconfianza pueden socavar nuestra determinación y frenar nuestro progreso hacia el éxito financiero.

Es importante recordar que la confianza en uno mismo no es algo fijo, sino que puede ser desarrollada y fortalecida. Aquí hay algunos pasos que puedes tomar para superar la falta de confianza:

Reconoce tus logros pasados: Toma un momento para reflexionar sobre tus éxitos y logros anteriores, incluso aquellos que pueden parecer pequeños. Reconocer tus capacidades y reconocer tus logros pasados puede ayudarte a construir una base sólida de confianza en ti mismo.

Establece metas realistas y alcanzables: Establece metas que sean desafiantes pero alcanzables. A medida que alcanzas estas metas, verás que eres capaz de lograr lo que te propones y eso fortalecerá tu confianza en tus capacidades.

Aprende y adquiere conocimientos: La falta de confianza puede surgir cuando no te sientes seguro en tus conocimientos y habilidades financieras. Dedica tiempo a aprender y adquirir conocimientos sobre finanzas personales, inversiones y estrategias financieras. Cuanto más sepas, más confianza tendrás en tus decisiones financieras.

Enfócate en el crecimiento personal: El crecimiento personal puede ayudarte a desarrollar una mentalidad más positiva y a construir confianza en ti mismo. Dedica tiempo a trabajar en tu desarrollo personal a través de la lectura, la meditación, la práctica de la gratitud y la visualización. Estas prácticas pueden ayudarte a superar los pensamientos negativos y a fortalecer tu confianza interior.

Rodéate de personas positivas y de apoyo: El entorno en el que te encuentras puede influir en tu confianza. Rodéate de personas que te apoyen, te inspiren y crean en ti. Evita las influencias negativas y busca la compañía de aquellos que te animen a seguir adelante y creer en ti mismo.

Recuerda que la confianza en uno mismo se construye a través de la acción y la perseverancia. A medida que tomes medidas hacia tus metas financieras y superes obstáculos, irás fortaleciendo tu confianza en ti mismo. No permitas que la falta de confianza te detenga en tu camino hacia el éxito financiero. Cree en ti mismo, toma medidas y confía en que eres capaz de lograr grandes cosas.

Falta de apoyo y recursos

La falta de claridad en nuestras metas financieras puede ser un obstáculo importante en nuestro camino hacia el éxito. Si no tenemos una visión clara de lo que queremos lograr financieramente, es difícil mantenernos determinados y enfocados. La falta de dirección definida puede conducir a la falta de enfoque y motivación en nuestras acciones.

Cuando no tenemos metas financieras claras, es fácil perderse en el caos y la incertidumbre. Nos falta un punto de referencia para tomar decisiones y establecer prioridades. Esto puede llevar a una sensación de estancamiento y falta de progreso en nuestra vida financiera.

Una meta financiera clara y definida proporciona un sentido de propósito y dirección. Nos permite establecer objetivos específicos y medibles que podemos trabajar para alcanzar. Al tener una visión clara, sabemos hacia dónde nos dirigimos y qué pasos debemos tomar para llegar allí.

Aquí hay algunos pasos que puedes tomar para superar la falta de claridad en tus metas financieras:

Reflexiona sobre tus valores y prioridades: Toma un tiempo para reflexionar sobre lo que es realmente importante para ti en términos financieros. ¿Qué quieres lograr financieramente? ¿Cuáles son tus valores y prioridades en relación con el dinero? Definir tus valores y prioridades te ayudará a establecer metas que estén alineadas con lo que realmente deseas.

Establece metas SMART: Utiliza el enfoque SMART (específicas, medibles, alcanzables, relevantes y con un plazo de tiempo definido) para establecer tus metas financieras. Asegúrate de que tus metas sean claras, concretas y puedan ser evaluadas objetivamente. Esto te permitirá tener un enfoque claro y evaluar tu progreso a lo largo del tiempo.

Desglosa tus metas en pasos más pequeños: Una vez que hayas establecido tus metas financieras principales, desglosa cada una de ellas en pasos más pequeños y alcanzables. Estos pasos te ayudarán a tener una dirección clara y a mantener la motivación a medida que logres cada hito.

Visualiza el resultado deseado: Utiliza la visualización para imaginar cómo se verá y se sentirá tu vida financiera cuando hayas alcanzado tus metas. Visualiza los detalles y las emociones asociadas con el logro de tus metas. Esta práctica te ayudará a mantener tu enfoque y a generar motivación en el camino.

Ajusta y revisa tus metas periódicamente: La claridad en las metas financieras no es algo estático. A medida que progresas y evolucionas, es posible que tus metas también cambien. Asegúrate de revisar y ajustar tus metas periódicamente para asegurarte de que siguen siendo relevantes y significativas para ti.

Recuerda que la claridad en las metas financieras te brinda un rumbo claro y te ayuda a mantener la determinación y la motivación en tu camino hacia el éxito financiero. Tener una dirección definida te permitirá tomar decisiones más informadas y establecer prioridades que te acerquen cada vez más a tus objetivos.

Distracciones y falta de prioridades:

Las distracciones constantes y la falta de establecer prioridades claras pueden ser obstáculos importantes en nuestro camino hacia el éxito financiero. Cuando nos dejamos llevar por actividades o situaciones que no nos acercan a nuestras metas financieras, corremos el riesgo de perder el enfoque y la motivación necesarios para lograr nuestros objetivos.

En la era actual de la tecnología y la información, las distracciones son abundantes. Las redes sociales, las notificaciones constantes de mensajes y correos electrónicos, así como otras formas de entretenimiento, pueden desviar nuestra atención y alejarnos de las acciones necesarias para alcanzar nuestras metas financieras.

Además, si no establecemos prioridades claras, es fácil caer en la trampa de ocuparnos en actividades menos importantes o procrastinar en lugar de dedicar tiempo y esfuerzo a lo que realmente importa para nuestro éxito financiero.

Algunas estrategias para superar las distracciones y establecer prioridades claras:

Identifica tus distracciones: Observa qué cosas te distraen con mayor frecuencia y qué actividades consumen la mayor parte de tu tiempo. Puede ser el uso excesivo de las redes sociales, ver demasiada televisión o perder tiempo en tareas no productivas. Identificar estas distracciones te ayudará a ser consciente de cómo afectan tu enfoque y a tomar medidas para limitarlas.

Establece prioridades claras: Determina cuáles son las actividades y acciones más importantes que te acercarán a tus metas financieras. Esto puede incluir educarte en temas financieros, trabajar en tu plan financiero, buscar oportunidades de inversión o establecer un presupuesto. Al establecer prioridades claras, podrás enfocar tu tiempo y energía en lo que realmente importa.

Crea un entorno propicio: Configura tu entorno para minimizar las distracciones. Apaga las notificaciones innecesarias en tu teléfono o computadora, establece un horario específico para revisar tus correos electrónicos o las redes sociales, y crea un espacio de trabajo libre de distracciones. Al hacerlo, te brindarás un entorno más propicio para concentrarte en tus metas financieras.

Practica la disciplina y la autodisciplina: Cultiva la disciplina para mantenerte alejado de las distracciones y cumplir con tus prioridades. Establece horarios específicos para trabajar en tus metas financieras y mantente comprometido con ellos. La autodisciplina te ayudará a superar la tentación de ceder ante las distracciones y a mantener el enfoque en lo que realmente importa.

Utiliza técnicas de gestión del tiempo: Aprende a administrar tu tiempo de manera eficiente. Utiliza técnicas como la técnica Pomodoro, que te permite trabajar en períodos de tiempo concentrados y programar descansos regulares. Esto te ayudará a mantener la concentración y la productividad, evitando las distracciones.

Recuerda que superar las distracciones y establecer prioridades claras requiere práctica y constancia. Es importante recordar el propósito detrás de tus metas financieras y mantener tu enfoque en las acciones que te llevarán hacia ellas. Al hacerlo, podrás superar las distracciones y mantener la determinación necesaria para lograr el éxito financiero que deseas.

Falta de claridad en las metas

La falta de claridad en nuestras metas financieras puede ser un desafío significativo en nuestro camino hacia el éxito. Cuando no tenemos una visión clara de lo que queremos lograr financieramente, se vuelve difícil mantenernos determinados y enfocados. La falta de una dirección definida puede llevar a la falta de enfoque y motivación en nuestras acciones.

Sin una visión clara, es más probable que nos desviemos y nos distraigamos con actividades que no nos acercan a nuestras metas financieras. Nos volvemos propensos a seguir el camino de menor resistencia en lugar de tomar las acciones necesarias para lograr nuestros objetivos.

Tener claridad en nuestras metas financieras nos brinda un propósito y un sentido de dirección. Nos permite establecer metas específicas y medibles que nos guían en nuestro camino hacia el éxito. Al tener una visión clara, sabemos qué queremos lograr y qué pasos debemos tomar para llegar allí.

Aquí hay algunos aspectos a considerar para superar la falta de claridad en tus metas financieras:

Reflexiona sobre tus deseos y valores: Tómate el tiempo para reflexionar sobre tus deseos y valores en relación con el dinero y las finanzas. ¿Qué es lo que realmente deseas lograr financieramente? ¿Qué valores son importantes para ti en términos de tus metas financieras? Comprender tus deseos y valores te ayudará a establecer metas que sean auténticas y significativas para ti.

Define metas SMART: Utiliza el enfoque SMART (específicas, medibles, alcanzables, relevantes y con un plazo de tiempo definido) para establecer tus metas financieras. Asegúrate de que tus metas sean claras, específicas y puedan ser evaluadas objetivamente. Esto te permitirá tener un enfoque claro y evaluar tu progreso a lo largo del tiempo.

Desglosa tus metas en acciones concretas: Una vez que hayas establecido tus metas financieras, desglosa cada una en acciones más pequeñas y alcanzables. Estas acciones te ayudarán a tener una dirección clara y a mantener la motivación a medida que avances y alcances hitos más pequeños en el camino hacia tus metas principales.

Visualiza tus metas: Utiliza la visualización como una herramienta poderosa para imaginar cómo se verá y se sentirá alcanzar tus metas financieras. Visualiza los detalles y las emociones asociadas con el logro de tus metas. Esto te ayudará a mantener la motivación y a recordar constantemente el propósito detrás de tus esfuerzos.

Ajusta tus metas según sea necesario: La claridad en las metas financieras no es algo estático. A medida que progresas y evolucionas, es posible que tus metas también cambien. Permítete ajustar y modificar tus metas a medida que sea necesario para asegurarte de que sigan siendo relevantes y alineadas con tus deseos y valores actuales.

Recuerda que la claridad en tus metas financieras es esencial para mantener la determinación y la motivación en tu camino hacia el éxito. Al tener una visión clara, podrás tomar decisiones más informadas y enfocar tus esfuerzos en lo que realmente importa. Mantén siempre presente tu visión y sé flexible en tu enfoque para adaptarte a medida que avanzas hacia tus metas financieras.

Influencias negativas

Las influencias negativas pueden tener un impacto significativo en nuestra determinación y en nuestro camino hacia el éxito financiero. Cuando nos rodeamos de personas que no apoyan nuestros sueños financieros, esas influencias pueden socavar nuestra confianza y minar nuestra determinación.

Los comentarios desalentadores, la falta de apoyo o incluso la indiferencia pueden hacer que cuestionemos nuestras metas y nos sintamos desanimados. Es natural buscar la aprobación y el apoyo de las personas que nos rodean, pero cuando encontramos resistencia o negatividad, puede resultar difícil mantenernos firmes en nuestros objetivos financieros.

Es importante recordar que nuestras metas financieras son personales y están en línea con nuestros propios deseos y valores. No todos comprenderán o apoyarán nuestras metas, y eso está bien. Es fundamental mantenernos fieles a nosotros mismos y a nuestros sueños, incluso si enfrentamos influencias negativas.

Aquí hay algunos aspectos a considerar para manejar las influencias negativas y mantener tu determinación:

Mantén la perspectiva: Recuerda que las opiniones de los demás son solo eso: opiniones. Tú eres el único que sabe lo que es importante para ti y lo que quieres lograr financieramente. No dejes que las opiniones negativas de los demás te hagan dudar de tus capacidades y de tus metas.

Encuentra apoyo en otras fuentes: Busca personas que sí apoyen tus sueños financieros. Pueden ser amigos, familiares o incluso grupos en línea con intereses similares. Compartir tus metas y desafíos con personas que te comprendan y te apoyen puede brindarte el estímulo y la motivación necesarios para seguir adelante.

Fortalece tu confianza en ti mismo: Trabaja en construir una fuerte autoconfianza. Reconoce tus habilidades, tus logros pasados y tu potencial para alcanzar tus metas financieras. Cuanta más confianza tengas en ti mismo, menos influencia tendrán las opiniones negativas de los demás.

Evita compartir tus metas con personas negativas: Si encuentras que ciertas personas tienen una influencia negativa constante en tu determinación, considera evitar compartir tus metas financieras con ellos. En su lugar, busca personas que te inspiren y te impulsen hacia adelante.

Convierte la negatividad en combustible: Utiliza las influencias negativas como motivación adicional para demostrarte a ti mismo y a los demás que puedes lograr tus metas financieras. Convierte las críticas y los comentarios desalentadores en combustible para impulsarte a trabajar más duro y demostrar que eres capaz de alcanzar el éxito financiero.

Recuerda que, al final del día, tú tienes el control de tus propias metas financieras y de tu camino hacia el éxito. No permitas que las influencias negativas te desvíen de tus objetivos. Mantén tu determinación, confía en ti mismo y mantente enfocado en lo que realmente importa para ti.

Superar estos obstáculos requiere trabajo y compromiso. Es importante enfrentar nuestros miedos, buscar el apoyo adecuado, desarrollar nuestra confianza, establecer metas claras y priorizar nuestras acciones en función de nuestros objetivos financieros. Con una mentalidad resiliente y una determinación constante, podemos superar estos obstáculos y seguir adelante en nuestro camino hacia el éxito financiero. ¡Recuerda que tú tienes el poder de superar cualquier obstáculo y alcanzar tus metas financieras!

Descubriendo el Propósito

¿Qué es lo que hago realmente? Me he cuestionado repetidamente cuál es el propósito de mi vida. ¿Por qué debo trabajar? ¿Tiene sentido ser emprendedor? ¿Cómo puedo hacerlo? ¿Cómo puedo ganar dinero? Estas preguntas y muchas más me abrumaban día tras día.

El camino hacia el éxito implica expresar lo que verdaderamente deseamos. No es necesario buscar múltiples fuentes de ingresos en los trabajos mejor remunerados. En realidad, el camino hacia el éxito implica llevar a cabo las pequeñas y grandes tareas necesarias para lograr un objetivo, pero ¿cuál es ese objetivo?

El objetivo está determinado por lo que cada persona considera importante para sí misma. Son los deseos más íntimos y profundos de lo que aspiramos lograr. Cada pequeña cosa que realmente nos hace felices. Encontrar esas características es lo verdaderamente desafiante, ya que cada persona desea algo diferente y anhela una vida feliz haciendo lo que realmente ama.

Para alcanzar esta verdadera felicidad, este sentimiento de éxito, solo necesitamos aplicar una palabra sencilla que ha sido explicada a lo largo de este capítulo. Es una palabra que nos permitirá resistir los embates de la falta de motivación, la procrastinación y otros factores que puedan afectar nuestras aspiraciones. Sí, así es, el deseo es un recurso poderoso que nos impulsa a no rendirnos, a perseverar y seguir adelante en la búsqueda de cada logro, cada meta y cada objetivo que nos propongamos.

"Descubre tu propósito, persigue tus metas con determinación y permite que el poderoso deseo en tu interior sea el combustible que te impulse hacia el éxito financiero y la verdadera felicidad."

Capítulo 7: La Fe

"Descubriendo el Camino de la Fe"

En un pequeño pueblo rodeado de verdes colinas y ríos cristalinos, vivía una joven llamada María. Desde temprana edad, María había sido criada en una familia profundamente religiosa, donde la fe era una parte esencial de sus vidas. Cada domingo, la iglesia resonaba con los cánticos y las oraciones fervorosas de la comunidad.

María, con su corazón puro y su espíritu radiante, encontraba consuelo y fortaleza en su fe. Desde el amanecer hasta el ocaso, caminaba por los senderos del pueblo con una canción en los labios y un brillo en los ojos. Veía la belleza en cada rincón de la creación y creía en un poder superior que guía y protege a todos los seres vivos.

A medida que María crecía, su fe se volvía más profunda y arraigada. En los momentos de alegría y en los desafíos de la vida, buscaba en sus creencias la guía y el consuelo que necesitaba. Era como una brújula que la dirigía hacia un propósito mayor, un faro que iluminaba su camino en las noches más oscuras.

Un día, mientras contemplaba el cielo azul y los pájaros que danzaban en el aire, María sintió en su corazón un llamado. Sabía que su fe iba más allá de las paredes de la iglesia y que debía compartir el amor y la esperanza que encontraba en ella con los demás. Con valentía y determinación, decidió emprender un viaje para difundir su mensaje de fe y amor a través de las tierras lejanas.

Armada con una maleta llena de bondad y una sonrisa contagiosa, María se aventuró hacia el horizonte desconocido. Su voz resonaba como un dulce canto a medida que compartía historias de esperanza y testimonios de cómo la fe había transformado su vida. Dondequiera que iba, las personas se sentían inspiradas por su luz y encontraban consuelo en sus palabras.

A través de los valles y montañas, María tocó los corazones de aquellos que había encontrado en su camino. Su fe inquebrantable se convirtió en un faro de esperanza para los que habían perdido la fe en sí mismos y en el mundo que los rodeaba. Su amor incondicional y su compasión tocaron las almas de muchos, recordándoles que siempre hay luz en la oscuridad y que la fe puede mover montañas.

A medida que María continuaba su viaje, enfrentaba desafíos y pruebas en su camino. Hubo momentos en los que la duda intentó colarse en su corazón, pero ella se aferraba a su fe como una roca en medio de la tormenta. Sabía que su misión era más grande que cualquier obstáculo que se le presentara.

En su travesía, María encontró a personas que habían perdido la esperanza, cuyos corazones estaban llenos de dolor y desesperación. Con su voz suave pero llena de convicción, les recordaba que no estaban solos, que había un amor divino que siempre los acompañaba.

En un pequeño pueblo olvidado por el mundo, María conoció a Juan, un anciano cansado y desilusionado. Juan había perdido la fe en sí mismo y en la humanidad después de años de dificultades y desengaños. Pero María, con su bondad y compasión, se acercó a él y le compartió su historia de fe y superación.

Había una vez un viajero solitario que se encontraba perdido en un denso bosque. La noche había caído y la oscuridad envolvía cada rincón. El viajero, exhausto y lleno de temor, no sabía cómo encontrar su camino de regreso a casa.

En medio de la desesperación, el viajero divisó una pequeña luz brillante en la distancia. Sin pensarlo dos veces, siguió el resplandor, guiado por una intuición que le decía que allí encontraría la respuesta a su dilema.

Finalmente, llegó a un claro donde encontró a un anciano sabio, rodeado de velas que iluminaban su semblante sereno. El viajero, aliviado, le preguntó cómo había logrado encontrar el camino a través del oscuro bosque.

El anciano sonrió y le dijo: "Mi querido viajero, la fe en la luz que brilla en lo profundo de tu corazón te guiará en los momentos de oscuridad. En tu interior, llevas una fuerza que es más poderosa que cualquier sombra que te rodee".

El viajero comprendió que la fe no se trataba solo de creer en algo externo, sino de confiar en sí mismo y en su capacidad para superar los desafíos. Era la confianza en su propia luz interior lo que lo había llevado a encontrar el camino a casa.

María miró a Juan con ternura y le dijo: "Juan, al igual que el viajero de la historia, tú también llevas una luz brillante dentro de ti. Aunque puedas sentirte perdido y desilusionado en este momento, esa luz está ahí, esperando ser avivada".

Ella continuó: "La fe no es solo una creencia abstracta, sino una fuerza poderosa que te impulsa a seguir adelante incluso cuando todo parece oscuro. Confía en ti mismo, en tus habilidades y en el amor que tienes para ofrecer al mundo. Si permites que tu luz brille, podrás encontrar el camino hacia una vida llena de propósito y esperanza".

Juntos, María y Juan emprendieron un proyecto para ayudar a los más necesitados en aquel pueblo. Con el apoyo de la comunidad, construyeron un centro comunitario donde brindaban alimentos, educación y apoyo emocional a quienes lo necesitaban. El amor y la fe que irradiaban se multiplicaron, creando un efecto positivo en cada persona que tocaban.

Juntos, María y Juan se sumergieron en la misión de construir un centro comunitario para ayudar a los más necesitados. A medida que trabajaban hombro a hombro, su fe se fortalecía, alimentada por el amor y la compasión que compartían con cada persona que llegaba al centro en busca de ayuda.

El impacto positivo que generaron en la comunidad fue evidente desde el primer día. Los rostros desalentados se iluminaban con una nueva esperanza al recibir alimentos, educación y apoyo emocional. Las palabras de aliento y las acciones bondadosas de María y Juan se convirtieron en un faro de luz en medio de las dificultades.

Con cada sonrisa que veían en los rostros de aquellos a quienes ayudaban, su fe se multiplicaba. Podían ver cómo el amor y la fe que irradiaban tocaban los corazones de las personas, infundiendo un nuevo sentido de confianza y esperanza en sus vidas.

A medida que el centro comunitario crecía y se expandía, la fe de María y Juan se fortalecía aún más. La fe no solo era un sentimiento individual, sino una fuerza colectiva que unía a la comunidad en torno a un propósito común: el bienestar y el apoyo mutuo.

Las historias de transformación y superación que surgían en el centro comunitario alimentaban la fe de María y Juan día tras día. Cada testimonio de cómo el amor y la fe habían cambiado vidas reafirmaba su creencia en el poder de la fe para crear un mundo mejor.

A medida que avanzaban en su labor, María y Juan se dieron cuenta de que su proyecto era más que un simple acto de ayuda. Era un recordatorio viviente de cómo la fe en la bondad humana y en un propósito superior puede generar cambios significativos en la vida de las personas.

María y Juan se convirtieron en ejemplos vivos de cómo la fe en la acción puede transformar vidas y comunidades enteras. Su trabajo se convirtió en un faro de esperanza para todos aquellos que necesitaban creer en un futuro mejor.

A través de su dedicación y su espíritu compasivo, María y Juan demostraron que la fe puede ser un motor para impulsar el amor y la solidaridad. Su proyecto no solo aumentó la fe de ellos dos, sino también la de toda la comunidad que se unió en un propósito común.

El amor y la fe que irradiaban se multiplicaron exponencialmente, creando un efecto positivo que trascendió las fronteras del centro comunitario. Inspiraron a otros a creer en la fuerza de la fe y a tomar acciones para marcar la diferencia en el mundo.

A medida que pasaban los años, la fama de María se extendió y su mensaje resonó en corazones de todas partes. Se convirtió en una líder espiritual, inspirando a miles de personas a seguir sus pasos y encontrar la fe en medio de las dificultades.

El legado de María trascendió el tiempo, dejando una huella imborrable en las vidas de aquellos que tuvieron la fortuna de cruzarse en su camino. Su historia se convirtió en un testimonio vivo de cómo la fe puede mover montañas y cómo un solo individuo puede cambiar el mundo con su amor y determinación.

María, la joven con un corazón lleno de fe, continuó su viaje sin descanso, compartiendo su mensaje de esperanza y amor por el resto de sus días. Su vida se convirtió en un faro de inspiración para todos aquellos que anhelaban encontrar un propósito más grande y vivir en armonía con su fe. Su legado perduró a través de los siglos, recordándonos que, a través de la fe, somos capaces de superar cualquier adversidad y encontrar la verdadera plenitud en nuestras vidas.

Fe y Fortuna

En este libro, exploraremos un aspecto fundamental, pero a menudo subestimado en el ámbito de las finanzas personales: el poder trascendente de la fe. Es importante mencionar que, si bien utilizaremos ejemplificaciones y metáforas relacionadas con alguna religión, no se busca promover ninguna creencia religiosa en particular. La fe, en este contexto, se refiere a una convicción profunda y una creencia en lo que es posible más allá de las limitaciones aparentes. Descubrirás cómo cultivar y aplicar la fe en tu vida financiera puede tener un impacto transformador en la forma en que te relacionas con el dinero, las oportunidades y el logro de tus metas económicas.

A medida que progreses en este viaje, te invito a mantener una mente abierta y receptiva, permitiendo que las enseñanzas y los principios resonantes penetren en tu vida financiera. Independientemente de tus creencias personales, la fe trascendente puede ser una fuerza poderosa que te impulse hacia una vida económica plena y significativa.

Prepárate para explorar el poder trascendente de la fe en tus finanzas personales y descubrir un nuevo enfoque para alcanzar la libertad financiera y el éxito económico. Abre tu mente y tu corazón a nuevas perspectivas mientras exploramos el impacto transformador de la fe en tu relación con el dinero y tus metas financieras. ¿Estás listo para comenzar este viaje hacia una fe que trasciende las limitaciones y te lleva hacia un futuro financiero próspero?

"El Puente hacia el Éxito"

Había una vez una persona llamada Sofía, cuya vida estaba envuelta en una densa neblina de desesperanza y desilusión. Desde muy joven, Sofía había sido testigo de luchas constantes y fracasos repetidos en su búsqueda por alcanzar el éxito financiero. Su mente se había vuelto cautiva de creencias limitantes, convenciéndola de que el destino estaba en su contra y de que nunca podría escapar de la espiral de escasez en la que se encontraba.

Los repetidos contratiempos y las dificultades económicas habían dejado una huella profunda en la mente de Sofía. Con cada fracaso, su confianza disminuía y las dudas se apoderaban de ella. Se sentía prisionera de creencias limitantes, convencida de que el destino conspiraba en su contra y de que nunca lograría escapar de la implacable espiral de escasez en la que se encontraba atrapada.

La neblina de desesperanza envolvía a Sofía, oscureciendo cualquier vislumbre de esperanza o posibilidad de cambio. Cada intento fallido la empujaba aún más hacia el abismo de la desilusión, haciéndole creer que su situación era irremediable y que no había una salida viable.

Esta espiral descendente de desesperanza se aferraba a Sofía, nublando su visión y limitando su capacidad para imaginar una vida mejor. La carga de los fracasos pasados pesaba sobre sus hombros, creando un círculo vicioso en el que cada nuevo intento parecía destinado a terminar en más decepción.

Sofía se encontraba atrapada en un laberinto emocional, luchando contra sus propios pensamientos negativos y la creencia arraigada de que su suerte estaba sellada. La sensación de impotencia y frustración la consumía, convenciéndola de que nunca podría escapar de la espiral de escasez y encontrar el éxito financiero que tanto anhelaba.

En medio de esta densa neblina de desesperanza y desilusión, Sofía anhelaba desesperadamente un rayo de esperanza, una señal de que su vida podía cambiar, de que había un camino hacia la transformación y la realización de sus sueños. Y así, comenzó su viaje en busca de una chispa que pudiera encender la llama de la fe y llevarla hacia un nuevo horizonte de posibilidades.

Cada día, Sofía despertaba con un peso en el pecho, sumergida en la tristeza de una vida que no reflejaba sus aspiraciones más profundas. Sus sueños parecían distantes e inalcanzables, y la falta de fe en sí misma y en el futuro la mantenía estancada en un ciclo de dificultades económicas. La sombra de la derrota oscurecía su espíritu, haciendo que cada intento de progreso se sintiera como una carga insostenible.

La sombra de la derrota se cernía sobre su espíritu, oscureciendo cualquier destello de esperanza. Cada intento de progreso se transformaba en una carga abrumadora, una montaña empinada que parecía imposible de escalar. Cada paso hacia adelante se veía entrelazado con el miedo al fracaso y la incertidumbre sobre si valía la pena intentarlo una vez más.

Sofía se encontraba atrapada en una prisión autoimpuesta, construida con las barreras de la duda y la falta de fe. Sus habilidades y talentos quedaban sepultados bajo la sombra del pesimismo, limitando su capacidad para creer en sí misma y en sus posibilidades de éxito. La tristeza se aferraba a su ser, impregnando cada aspecto de su vida y haciéndole dudar de su valía y propósito.

El ciclo perpetuo de desafíos económicos y decepciones la mantenía encadenada, restringiendo su capacidad de ver más allá de las limitaciones actuales. La carga de la adversidad y la falta de fe se acumulaban sobre sus hombros, amenazando con aplastar sus sueños y aspiraciones más preciados.

Aunque las nubes de la desesperanza la envolvían, Sofía anhelaba encontrar un rayo de esperanza que pudiera disipar la niebla opresiva. Sus ojos buscaban desesperadamente un destello de fe, una chispa que iluminara su camino y la impulsara a creer en sí misma nuevamente. En medio de la oscuridad, la semilla de la transformación comenzaba a germinar, y un cambio profundo empezaba a tomar forma en el corazón de Sofía.

Las lágrimas se convirtieron en compañeras constantes de Sofía, cayendo en silencio mientras contemplaba su situación desesperada. La falta de fe la había sumergido en un abismo de tristeza, donde el brillo de la esperanza se desvanecía rápidamente. Los días se desvanecían en una mezcla de apatía y desánimo, y cada vez era más difícil encontrar motivación para seguir adelante.

Sin embargo, en medio de su oscuridad, una chispa de esperanza comenzó a brillar en el corazón de Sofía. A través de encuentros fortuitos y lecturas inspiradoras, fue testigo de historias de personas que habían logrado transformar sus vidas a través de la fe. Intrigada por estos testimonios, comenzó a preguntarse si tal vez había un camino diferente, uno que involucrara creer en sí misma y en las posibilidades que el universo tenía reservadas para ella.

Con valentía, Sofía decidió abrir su mente y su corazón a la posibilidad de la fe. Abandonó las cadenas de las creencias limitantes y se adentró en un viaje de autodescubrimiento y transformación. A medida que cultivaba la fe en sí misma y en un futuro próspero, notó un cambio asombroso en su vida.

Cada historia resonaba en lo más profundo de su ser, encendiendo una llama de curiosidad y posibilidad. Sofía se encontraba ávida por explorar el poder transformador de la fe en el ámbito financiero. Con cada página que leía y cada conversación que sostenía, se abría a nuevas perspectivas y se desafiaba a sí misma a dejar de lado las creencias limitantes que habían dominado su vida durante tanto tiempo.

El universo parecía estar conspirando para mostrarle un camino distinto, uno en el que la fe podía ser el catalizador de un cambio significativo. Poco a poco, Sofía comenzó a abrir su mente y su corazón a las posibilidades que antes había descartado. Cuestionó las creencias que la habían mantenido atrapada en la desesperanza y se atrevió a imaginar una realidad diferente.

A medida que profundizaba en su búsqueda, Sofía se dio cuenta de que la fe no se trataba solo de creer en algo externo, sino de creer en sí misma. Comenzó a reconocer sus propias fortalezas y talentos, abrazando la idea de que estaba destinada a algo más grande que la escasez y la desilusión. La fe se convirtió en su faro guía, iluminando el camino hacia un futuro lleno de posibilidades y abundancia.

Sofía se dio cuenta de que la fe no era una garantía de éxito instantáneo, pero sí era un ingrediente vital para desbloquear su verdadero potencial. Se comprometió a nutrir su fe a través de prácticas diarias, cultivando la confianza en sí misma y en las fuerzas universales que estaban a su favor. La fe se convirtió en una fuerza impulsora, permitiéndole tomar decisiones audaces y enfrentar desafíos con valentía.

En el horizonte, Sofía vislumbraba un futuro en el que la neblina de desesperanza se desvanecía lentamente, reemplazada por un brillo de esperanza y posibilidades ilimitadas. Estaba lista para embarcarse en un viaje de autodescubrimiento y transformación, dispuesta a dejar atrás la desilusión y abrazar un nuevo paradigma de fe y éxito.

El camino por delante no estaría exento de desafíos, pero Sofía se sentía fortalecida por la certeza de que, con fe en sí misma y en el poder del universo, podía superar cualquier obstáculo y construir la vida próspera y plena que siempre había anhelado.

Poco a poco, las lágrimas de tristeza se convirtieron en lágrimas de alegría y gratitud. Cada pequeño paso hacia adelante se convirtió en un motivo de celebración, y las dificultades que antes parecían inquebrantables se transformaron en oportunidades de crecimiento y aprendizaje. Sofía comenzó a atraer a su vida las personas adecuadas, las oportunidades inesperadas y la guía necesaria para llevarla hacia el éxito financiero y la riqueza.

La fe había obrado maravillas en la vida de Sofía. Su transformación no solo era evidente en su situación económica, sino también en su actitud y perspectiva ante la vida. Había aprendido que la fe era el catalizador que la impulsaba a tomar acciones audaces, a creer en sus habilidades y a abrirse a un universo lleno de posibilidades infinitas.

Sofía comenzó a tomar acciones audaces y valientes que antes consideraba imposibles. Se aventuró en nuevos caminos, exploró oportunidades que antes temía y se desafió a sí misma a salir de su zona de confort. La fe la llevó a superar los miedos y las limitaciones que habían estado frenando su progreso durante tanto tiempo.

Con cada paso audaz, Sofía comenzó a creer cada vez más en sus habilidades y talentos. La fe le dio la confianza necesaria para enfrentar los desafíos con determinación y perseverancia. Ya no se dejaba arrastrar por la duda y la incertidumbre, sino que confiaba en que el universo conspiraba a su favor.

La fe también abrió las puertas a un universo lleno de posibilidades infinitas. Sofía se abrió a recibir las bendiciones y oportunidades que el universo le ofrecía. Aprendió a ver las señales y sincronías que apuntaban en la dirección correcta, y se permitió fluir con el ritmo de la abundancia.

Poco a poco, Sofía comenzó a cosechar los frutos de su fe. Las puertas se abrieron, las oportunidades se multiplicaron y los resultados positivos se hicieron evidentes en su vida. La fe le trajo no solo éxito financiero, sino también una sensación de plenitud y propósito.

La transformación de Sofía fue más que externa; era un cambio profundo en su ser. Su actitud y perspectiva ante la vida se volvieron más positivas y esperanzadoras. Se convirtió en un faro de inspiración para aquellos que la rodeaban, compartiendo su historia y alentando a otros a creer en sus propias capacidades y en las fuerzas universales que los respaldaban.

La fe se convirtió en el fundamento de su vida, guiándola en cada paso que daba. Sabía que, aunque los desafíos podían presentarse en su camino, tenía la fortaleza interior y la fe necesaria para superarlos y seguir adelante.

El viaje de Sofía no tenía un final definido, sino que era un viaje de crecimiento y expansión continua. La fe la acompañaría en cada etapa, recordándole que el potencial para la grandeza y el éxito residía dentro de ella.

Sofía había aprendido que la fe no era solo una creencia abstracta, sino una fuerza transformadora que podía cambiar su vida de manera poderosa.

Al abrirse a nuevas perspectivas y desafiar las creencias limitantes que la habían mantenido atrapada, Sofía descubrió un mundo de posibilidades antes inimaginables. Cultivó la fe en sí misma y en un futuro próspero, lo que le dio la confianza necesaria para tomar acciones audaces y valientes. La fe se convirtió en el combustible que la impulsaba a seguir adelante incluso en los momentos más difíciles.

Sofía comenzó a creer en sus propias habilidades y talentos, pudo aprovechar las oportunidades que se presentaron en su camino. La fe abrió puertas y atrajo sincronías y señales que la guiaron hacia el éxito financiero. Aprendió a confiar en su intuición y a tomar decisiones fundamentadas en la creencia de que el universo estaba conspirando a su favor.

A medida que Sofía exploraba el poder transformador de la fe, descubrió una pasión por el mundo de las inversiones inmobiliarias.

Inspirada por las historias de personas que habían obtenido éxito financiero a través de la inversión en propiedades, decidió adentrarse en el mundo de la finca raíz.

Con determinación y fe en sus habilidades, Sofía comenzó a educarse y a adquirir conocimientos sobre el mercado inmobiliario. Se sumergió en libros, asistió a seminarios y buscó la guía de expertos en el campo. La fe le daba la confianza necesaria para dar pasos audaces y tomar decisiones informadas en sus inversiones.

A medida que Sofía adquiría experiencia y conocimiento, comenzó a identificar oportunidades en el mercado inmobiliario. Con la fe como su aliada, se aventuró a invertir en propiedades que mostraban potencial de crecimiento y rentabilidad. La creencia en un futuro próspero le permitió superar el miedo y la incertidumbre que a menudo acompañan a las inversiones.

A medida que su cartera de propiedades crecía, Sofía utilizó su fe y su visión para transformar estas propiedades en fuentes de ingresos estables. A través de la adquisición, renovación y posterior alquiler o venta de las propiedades, generó ingresos pasivos y plusvalía.

La fe también desempeñó un papel importante en las negociaciones y en la construcción de relaciones sólidas en el ámbito de la finca raíz. Con su creencia en la abundancia y la conexión, Sofía estableció asociaciones estratégicas con agentes inmobiliarios, contratistas y otros profesionales del sector. Estas alianzas le brindaron el apoyo y la experiencia necesarios para tomar decisiones informadas y maximizar sus inversiones.

A medida que el tiempo pasaba, Sofía pudo ver los frutos de su trabajo y su fe en el sector de la finca raíz. Sus inversiones inmobiliarias le proporcionaron flujos de ingresos estables y oportunidades de crecimiento financiero. La fe la guio en la toma de decisiones audaces y en la capacidad de adaptarse a los cambios del mercado.

La historia de Sofía en el mundo de la finca raíz es un testimonio del poder de la fe en el logro del éxito financiero. Con su creencia inquebrantable y su valentía para tomar riesgos calculados, Sofía pudo construir una sólida base financiera a través de las inversiones en propiedades.

La transformación de Sofía no se limitó a su situación financiera, sino que se extendió a su actitud y perspectiva ante la vida. La fe le permitió ver más allá de las limitaciones y adoptar una mentalidad de abundancia y gratitud. Se convirtió en una persona positiva y esperanzadora, compartiendo su historia y alentando a otros a creer en sus propios poderes y en las fuerzas universales que los respaldan.

A medida que Sofía cosechaba los frutos de su fe y su perseverancia, el éxito financiero se convirtió en una manifestación tangible de su transformación interior. Su situación económica mejoró, y comenzó a experimentar la libertad y la tranquilidad financiera que tanto anhelaba.

Hoy, Sofía se ha convertido en un faro de inspiración para aquellos que alguna vez se encontraron en la misma oscuridad en la que ella estuvo atrapada. Su historia de transformación se ha convertido en un recordatorio poderoso de que, sin importar cuán desesperanzadora sea la situación, la fe puede ser la llave que abre las puertas hacia el éxito y la riqueza.

¿Cómo utilizó Sofía la fe a su favor?

Identificación y aprovechamiento de oportunidades: La fe le permitió a Sofía estar abierta y receptiva a las oportunidades que se presentaban en su vida. Creyendo en sí misma y en el universo, pudo identificar oportunidades que antes pasaban desapercibidas y aprovecharlas para generar ingresos y crecimiento financiero.

Toma de decisiones audaces: La fe le dio a Sofía la confianza para tomar decisiones audaces y arriesgadas en su búsqueda de éxito financiero. Creyendo en sus habilidades y en las fuerzas universales, pudo superar el miedo al fracaso y tomar acciones decisivas que le permitieron generar mayores ingresos y oportunidades financieras.

Superación de obstáculos y perseverancia: La fe le dio a Sofía la fuerza interior necesaria para superar los obstáculos y los desafíos financieros que enfrentaba. Creyendo en un futuro próspero, no se dejó desanimar por las dificultades, sino que perseveró y encontró soluciones creativas para superar los desafíos y seguir avanzando hacia sus metas financieras.

Manifestación de abundancia: La fe le ayudó a Sofía a cambiar su mentalidad y adoptar una mentalidad de abundancia en lugar de escasez. Creyendo en la abundancia del universo, pudo atraer y manifestar mayores oportunidades de ingresos y riqueza en su vida. Su enfoque positivo y su gratitud por lo que ya tenía también contribuyeron a atraer más abundancia a su vida financiera.

Construcción de relaciones y redes de apoyo: La fe le permitió a Sofía desarrollar relaciones sólidas y auténticas con personas que compartían sus valores y metas financieras. Creyendo en la conexión y el apoyo mutuo, pudo establecer asociaciones comerciales, recibir mentoría y obtener el respaldo necesario para avanzar en su camino hacia el éxito financiero.

Lecciones aprendidas

La historia de Sofía y su viaje en el mundo de las finanzas personales nos enseña una valiosa lección: el poder transformador de la fe en la búsqueda del éxito financiero. A lo largo de su trayectoria, Sofía experimentó desafíos, luchas y momentos de desesperanza, pero nunca dejó que eso la definiera. En cambio, abrazó la fe como un faro de esperanza y un catalizador para el cambio.

La fe le dio a Sofía la confianza necesaria para creer en sí misma, en sus habilidades y en su potencial para lograr la prosperidad financiera. A través de la fe, se abrió a nuevas posibilidades, identificó oportunidades y tomó decisiones audaces que la llevaron hacia el éxito.

Sofía aprendió que la fe no era simplemente una creencia pasiva, sino una fuerza activa que requería acción y perseverancia. La fe la impulsó a superar obstáculos, a tomar riesgos calculados y a perseverar a pesar de los desafíos. En cada paso del camino, Sofía confió en el universo y en sí misma, lo que la llevó a cosechar los frutos de su trabajo y su creencia.

A través de su historia, Sofía nos muestra que el éxito financiero no se trata solo de números en una cuenta bancaria, sino de una transformación interna profunda. La fe le permitió cambiar su mentalidad de escasez a abundancia, de desesperanza a esperanza, y de limitación a posibilidades infinitas. Su historia inspira a otros a desafiar sus propias creencias limitantes y a cultivar la fe en sí mismos y en el futuro que desean.

Al final, las historias de Sofía y las finanzas personales nos recuerdan que la fe es un ingrediente poderoso en la búsqueda del éxito financiero. Cuando creemos en nosotros mismos y en las fuerzas universales que nos rodean, podemos superar cualquier obstáculo, tomar decisiones audaces y crear una vida de prosperidad y realización. La fe nos impulsa a tomar acción, a perseverar y a abrirnos a las infinitas posibilidades que el universo tiene reservadas para nosotros.

En resumen, la historia de Sofía nos muestra que la fe puede ser un motor transformador en nuestras vidas financieras. Nos enseña que, sin importar las dificultades que enfrentemos, podemos encontrar fuerza, esperanza y éxito cuando creemos en nosotros mismos y en el poder de la fe.

Capítulo 8: Disciplina

En un mundo donde las tentaciones y distracciones abundan, encontrar el éxito en el ámbito financiero puede parecer una tarea desalentadora. Muchos sueñan con alcanzar la estabilidad económica, la libertad financiera y la tranquilidad que estas metas conllevan, pero pocos logran convertir esos deseos en una realidad duradera. ¿Cuál es el secreto que separa a aquellos que triunfan financieramente de los que luchan por salir adelante? La respuesta se encuentra en una cualidad poderosa y transformadora: la disciplina.

Bienvenido a este capítulo que explora el papel fundamental de la disciplina en el camino hacia la prosperidad financiera. Aquí, te embarcarás en un viaje que desafiará tus creencias y te mostrará cómo la disciplina puede ser tu mejor aliada en la búsqueda de tus metas financieras.

A lo largo de estas páginas, exploraremos cómo la disciplina no solo afecta tus hábitos y rutinas diarias, sino también cómo moldea tu mentalidad y enfoque en relación con el dinero. Descubrirás cómo la disciplina puede ser una herramienta poderosa para tomar decisiones financieras inteligentes, mantener el control sobre tus gastos, establecer metas claras y perseguirlas con determinación incansable.

Aprenderás estrategias prácticas para desarrollar y fortalecer tu disciplina financiera, superando las tentaciones y resistiendo las gratificaciones instantáneas que pueden obstaculizar tu progreso.
Exploraremos cómo la disciplina se entrelaza con otros aspectos importantes de tu vida, como la planificación a largo plazo, la gestión del tiempo y la creación de un presupuesto realista.

Prepárate para desafiar tus propios límites y descubrir el poder transformador de la disciplina en tu camino financiero. A medida que te sumerjas en estas páginas, te animo a que reflexiones sobre tu propia relación con el dinero y cómo la disciplina puede ayudarte a alcanzar tus sueños financieros.

Recuerda, el camino hacia la prosperidad financiera requiere esfuerzo, perseverancia y un compromiso inquebrantable. La disciplina será tu guía en este viaje, impulsándote a superar obstáculos, resistir las tentaciones y mantener el enfoque en tus metas financieras. Prepárate para descubrir cómo la disciplina puede transformar tu vida y conducirte hacia una mayor estabilidad, libertad y éxito financiero. ¡Comencemos este viaje juntos!

Los hábitos financieros son la base para lograr la libertad financiera y la independencia económica.

Los hábitos financieros son la base para lograr la libertad financiera y la independencia económica debido a varias razones fundamentales. En primer lugar, los hábitos financieros nos permiten desarrollar una mentalidad y una disciplina sólidas en relación con el dinero.

Al establecer y mantener hábitos financieros saludables, como el ahorro regular, la inversión inteligente y la gestión prudente de deudas, creamos una estructura sólida para nuestro bienestar financiero a largo plazo. Estos hábitos nos ayudan a evitar el gasto impulsivo, a vivir dentro de nuestras posibilidades y a tomar decisiones financieras fundamentadas.

Además, los hábitos financieros nos permiten acumular y hacer crecer nuestra riqueza de manera constante. Al cultivar el hábito del ahorro, podemos construir un fondo de emergencia y crear un colchón financiero que nos proporcione seguridad y estabilidad. La inversión inteligente nos brinda la oportunidad de generar ingresos pasivos y aumentar nuestros activos a lo largo del tiempo.

Los hábitos financieros también nos empoderan al ayudarnos a tomar decisiones financieras informadas y conscientes. La educación financiera continua es esencial para desarrollar buenos hábitos en este ámbito. A medida que aprendemos sobre estrategias de inversión, gestión del riesgo y planificación financiera, estamos mejor preparados para tomar decisiones financieras sólidas y evitar caer en trampas financieras comunes.

La consistencia es clave cuando se trata de hábitos financieros. Al mantener hábitos sólidos a lo largo del tiempo, creamos un camino claro hacia la libertad financiera. La disciplina y la persistencia nos ayudan a resistir las tentaciones de gastos innecesarios, a mantenernos enfocados en nuestros objetivos financieros y a superar los desafíos que puedan surgir en el camino.

En resumen, los hábitos financieros son la base para lograr la libertad financiera y la independencia económica porque nos proporcionan una estructura sólida, nos permiten acumular riqueza, nos empoderan a través de la educación financiera y nos brindan la disciplina y la consistencia necesarias para alcanzar nuestros objetivos a largo plazo. Al cultivar y mantener hábitos financieros saludables, estamos construyendo un futuro financiero próspero y asegurando nuestra libertad financiera y nuestra independencia económica.

Conexión entre nuestros hábitos diarios y los resultados financieros que obtenemos.

Nuestros hábitos son los comportamientos y acciones que repetimos de manera regular, a menudo de forma automática, en nuestra vida diaria. Estos hábitos tienen un impacto directo en nuestras finanzas y determinan en gran medida los resultados financieros que experimentamos.

Si tenemos hábitos financieros saludables, como el ahorro regular, el presupuesto responsable y la planificación financiera, es más probable que alcancemos resultados financieros positivos. Estos hábitos nos permiten gestionar nuestros ingresos y gastos de manera eficiente, mantenernos dentro de nuestros límites financieros y establecer bases sólidas para el crecimiento de nuestra riqueza.

Por otro lado, si tenemos hábitos financieros perjudiciales, como el gasto impulsivo, la falta de seguimiento de nuestros gastos o la falta de ahorro, es probable que experimentemos dificultades financieras. Estos hábitos pueden llevarnos a acumular deudas, vivir al límite de nuestras posibilidades y enfrentar constantes apuros económicos.

La conexión entre nuestros hábitos diarios y nuestros resultados financieros se debe a que nuestros hábitos determinan cómo utilizamos nuestro dinero y los patrones que seguimos en nuestras decisiones financieras. Si repetimos hábitos negativos, es probable que nos encontremos en una espiral de malas decisiones y consecuencias financieras desfavorables. Por el contrario, si adoptamos hábitos positivos, creamos una base sólida para el éxito financiero y nos acercamos cada vez más a nuestros objetivos económicos.

Es importante reconocer que los resultados financieros no se producen de la noche a la mañana, sino que son el producto acumulativo de nuestros hábitos diarios a lo largo del tiempo. Los pequeños actos de disciplina y responsabilidad financiera que realizamos todos los días se suman y tienen un impacto significativo en nuestra situación financiera general.

Por lo tanto, es crucial prestar atención a nuestros hábitos diarios y evaluar si están alineados con nuestros objetivos financieros. Si deseamos mejorar nuestros resultados financieros, debemos analizar y modificar nuestros hábitos para que apoyen nuestros objetivos. Al hacer pequeños cambios en nuestros hábitos diarios, podemos crear un impacto significativo y positivo en nuestras finanzas a largo plazo. Recuerda, los hábitos diarios son los cimientos de nuestros resultados financieros, y al cultivar hábitos saludables, podemos transformar nuestra realidad financiera.

La mentalidad de abundancia y cómo los hábitos financieros pueden ayudarnos a adoptarla.

La mentalidad de abundancia es una forma de pensar y percibir el mundo en la que se reconoce que hay suficiente riqueza y recursos disponibles para todos. Es una mentalidad positiva y optimista que se basa en la creencia de que podemos crear y atraer oportunidades financieras en lugar de competir por una cantidad limitada de recursos.

Los hábitos financieros desempeñan un papel clave en la adopción de una mentalidad de abundancia. A través de hábitos saludables y disciplinados, podemos reprogramar nuestra mente para enfocarnos en las posibilidades y oportunidades financieras que nos rodean.

Al adoptar hábitos financieros como el ahorro regular, la inversión inteligente y la planificación financiera, estamos tomando medidas concretas para mejorar nuestra situación económica. Estos hábitos nos brindan seguridad y nos permiten acumular recursos a lo largo del tiempo. A medida que vemos crecer nuestra riqueza, nuestra mentalidad se expande y comenzamos a creer en la posibilidad de una vida financiera próspera.

Además, los hábitos financieros nos ayudan a desarrollar la disciplina y el enfoque necesarios para tomar decisiones financieras fundamentadas. Al tener hábitos financieros sólidos, nos sentimos más seguros en nuestras decisiones y somos capaces de resistir las tentaciones de gastos innecesarios. Esto nos permite mantenernos enfocados en nuestros objetivos financieros a largo plazo y aprovechar las oportunidades que se nos presenten.

Los hábitos financieros también nos ayudan a romper con patrones limitantes de pensamiento y a superar el miedo al fracaso. Al tomar acciones constantes y positivas en nuestras finanzas, comenzamos a creer en nuestra capacidad para crear riqueza y prosperidad. Nos liberamos de la mentalidad de escasez y desarrollamos una actitud de confianza y abundancia en relación con el dinero.

Además, los hábitos financieros nos brindan una sensación de control sobre nuestras finanzas. Al establecer un presupuesto, llevar un registro de nuestros gastos y ahorrar regularmente, estamos tomando el control activo de nuestra situación financiera. Esto nos permite sentirnos empoderados y en armonía con nuestros recursos, lo cual es un aspecto importante de la mentalidad de abundancia.

En resumen, los hábitos financieros nos ayudan a adoptar una mentalidad de abundancia al proporcionarnos las herramientas y la disciplina necesarias para crear riqueza y prosperidad en nuestras vidas. Al cultivar hábitos saludables y positivos, reprogramamos nuestra mente para enfocarnos en las posibilidades y oportunidades financieras, liberándonos de la mentalidad de escasez y permitiéndonos vivir una vida financiera plena y abundante.

Los hábitos financieros clave para el éxito

Identificación y análisis de los hábitos financieros de las personas exitosas.

Al estudiar y comprender los hábitos de aquellos que han alcanzado el éxito financiero, podemos extraer lecciones valiosas y aplicarlas en nuestras propias vidas. A continuación, se explica cómo se lleva a cabo este proceso:

Observación: El primer paso es observar y estudiar a personas exitosas en el ámbito financiero. Esto puede incluir empresarios, inversores, líderes en el campo financiero, entre otros. Observa cómo gestionan sus finanzas, qué decisiones toman, cómo ahorran e invierten, y cómo equilibran el riesgo y la recompensa.

Análisis de hábitos: Una vez que hayas identificado a personas exitosas en el ámbito financiero, analiza sus hábitos y comportamientos financieros. Examina cómo se relacionan con el dinero, cómo se enfocan en sus objetivos financieros, cómo toman decisiones y cómo se adaptan a los cambios del mercado. Identifica los patrones recurrentes y los hábitos específicos que parecen estar asociados con su éxito.

Priorización de hábitos clave: A medida que analizas los hábitos financieros de las personas exitosas, identifica aquellos que consideres más relevantes y significativos para tu propio camino hacia el éxito financiero. Estos pueden incluir el hábito de ahorrar regularmente, invertir de manera inteligente, buscar oportunidades de ingresos pasivos o tener un enfoque disciplinado en la gestión del dinero.

Implementación y adaptación: Una vez que hayas identificado los hábitos clave, es hora de implementarlos en tu propia vida. Adaptar los hábitos financieros de las personas exitosas a tu situación personal puede requerir algunos ajustes y modificaciones. Asegúrate de que los hábitos seleccionados sean realistas y aplicables a tu contexto financiero.

Monitoreo y ajuste: Es importante monitorear y evaluar continuamente los resultados de los hábitos que has implementado. Observa cómo te están ayudando a avanzar hacia tus metas financieras y si necesitas hacer ajustes para maximizar su eficacia. La flexibilidad y la capacidad de adaptación son clave en este proceso.

Recuerda que los hábitos financieros exitosos no se desarrollan de la noche a la mañana. Requieren tiempo, consistencia y perseverancia. La clave está en identificar los hábitos correctos y trabajar en su implementación constante. Al adoptar y mantener hábitos financieros saludables, estarás sentando las bases para tu propio éxito financiero y creando una mentalidad de riqueza y prosperidad a largo plazo.

El hábito de ahorrar e invertir: cómo acumular riqueza a través de la mentalidad del ahorro y la inversión inteligente.

El hábito de ahorrar e invertir es fundamental para acumular riqueza y asegurar una estabilidad financiera a largo plazo. Funciona de la siguiente manera:

Ahorro

El hábito del ahorro implica reservar una parte de tus ingresos regularmente. Esto puede ser un porcentaje fijo o una cantidad específica que destines cada mes. Al ahorrar, estás creando un colchón financiero que te brinda seguridad y te ayuda a enfrentar imprevistos y emergencias sin caer en deudas o problemas financieros.

El ahorro también te proporciona la base para futuras inversiones. Al acumular dinero en una cuenta de ahorros o en instrumentos financieros seguros, estás generando capital que más tarde podrás utilizar para invertir y hacer crecer tu riqueza.

La mentalidad del ahorro implica priorizar el ahorro como una parte esencial de tus finanzas. En lugar de gastar todo tu ingreso, te acostumbras a separar una parte para el ahorro antes de gastar en otros aspectos. Esta mentalidad te ayuda a evitar el gasto impulsivo y a tomar decisiones más conscientes y planificadas en relación con tu dinero.

Inversión

La inversión inteligente es otra parte fundamental del proceso de acumulación de riqueza. Consiste en destinar una parte de tus recursos a activos financieros o bienes que tienen el potencial de generar rendimientos y aumentar su valor con el tiempo. Las inversiones pueden incluir acciones, bonos, bienes raíces, negocios propios u otros instrumentos financieros.

La mentalidad de inversión inteligente implica educarte sobre las diferentes opciones de inversión y tomar decisiones informadas. Esto implica analizar el riesgo y la rentabilidad potencial de cada inversión, diversificar tus inversiones y tener una perspectiva a largo plazo.

La combinación del ahorro y la inversión inteligente es clave para acumular riqueza. Al ahorrar regularmente, estás construyendo una base financiera sólida. Luego, al invertir ese dinero de manera inteligente, estás aprovechando el potencial de crecimiento y generación de ingresos adicionales.

La mentalidad del ahorro y la inversión inteligente se basa en una visión a largo plazo y en la comprensión de que el dinero puede trabajar para ti. En lugar de simplemente guardar el dinero en una cuenta de ahorros que no genera intereses significativos, la inversión te permite aprovechar las oportunidades y hacer que tu dinero crezca a lo largo del tiempo.

Es importante destacar que tanto el ahorro como la inversión requieren disciplina y constancia. Requieren tomar decisiones conscientes y tener en cuenta tus objetivos financieros a largo plazo. Al cultivar estos hábitos financieros y mantener una mentalidad de ahorro e inversión inteligente, estás sentando las bases para acumular riqueza y alcanzar la estabilidad financiera que deseas.

La importancia de la educación financiera continua y cómo convertirla en un hábito poderoso.

A continuación, se explica la importancia de la educación financiera continua y cómo convertirla en un hábito poderoso:

Toma de decisiones informadas: La educación financiera nos proporciona los conocimientos y las herramientas necesarias para tomar decisiones financieras informadas. Nos ayuda a comprender los conceptos clave, como el manejo del dinero, el presupuesto, la inversión, el manejo de deudas y los impuestos. Al estar bien informados, podemos tomar decisiones financieras más acertadas que nos beneficien a largo plazo.

Gestión del riesgo: La educación financiera nos ayuda a comprender los riesgos asociados con diferentes tipos de inversiones y decisiones financieras. Nos permite evaluar y mitigar los riesgos de manera más efectiva, protegiendo nuestro patrimonio y evitando pérdidas innecesarias.

Construcción de riqueza: La educación financiera nos proporciona las habilidades necesarias para construir y hacer crecer nuestra riqueza de manera efectiva. Aprendemos sobre estrategias de inversión, planificación financiera y formas de generar ingresos pasivos. Esto nos capacita para tomar decisiones financieras que maximicen nuestro potencial de crecimiento y acumulación de riqueza a largo plazo.

Independencia financiera: La educación financiera nos brinda la capacidad de administrar nuestras finanzas de manera independiente. Nos permite tomar el control de nuestras decisiones financieras y no depender exclusivamente de asesores o expertos. Al comprender los conceptos y las estrategias financieras, podemos tomar decisiones basadas en nuestras necesidades y metas personales.

Para convertir la educación financiera en un hábito poderoso, es importante seguir estos pasos:

Compromiso personal: Comprométete a aprender sobre educación financiera de manera continua. Reconoce que es un proceso de por vida y establece la intención de mejorar constantemente tus conocimientos financieros.

Establece metas claras: Define metas financieras específicas que desees alcanzar y comprende cómo la educación financiera puede ayudarte a lograrlas. Esto te dará una motivación adicional para buscar conocimientos financieros relevantes.

Crea un plan de estudio: Desarrolla un plan de estudio o un cronograma para tu educación financiera. Esto puede incluir la lectura de libros, la participación en cursos en línea, la asistencia a seminarios o la búsqueda de recursos confiables en línea.

Aplica el conocimiento: A medida que adquieres conocimientos financieros, busca oportunidades para aplicarlos en tu vida cotidiana. Esto puede implicar el establecimiento de un presupuesto, la creación de un plan de inversión o la evaluación de tus decisiones financieras actuales.

Mantén la disciplina: Haz de la educación financiera un hábito constante. Dedica tiempo regularmente para aprender y actualizarte en temas financieros. Puedes establecer rutinas diarias, semanales o mensuales para estudiar y mantenerte al tanto de las novedades en el mundo financiero.

Recuerda que la educación financiera es un proceso continuo. A medida que te educas y aplicas tus conocimientos, tu confianza y habilidades financieras mejorarán con el tiempo. Convertir la educación financiera en un hábito poderoso te permitirá tomar el control de tus finanzas y abrir el camino hacia una vida financiera más próspera.

El hábito de la acción: cómo superar el miedo y tomar decisiones financieras audaces.

El hábito de la acción es fundamental para lograr el éxito financiero. Implica superar el miedo y tomar decisiones financieras audaces que impulsen nuestro crecimiento económico. A continuación, se explica cómo funciona este hábito y cómo superar el miedo asociado a las decisiones financieras:

Reconoce el miedo: El primer paso para superar el miedo es reconocerlo. Muchas veces, el miedo financiero proviene de la incertidumbre y el desconocimiento. Identifica cuáles son tus temores específicos en relación con el dinero y las decisiones financieras. Puede ser el miedo a perder dinero, el miedo al fracaso o el miedo a tomar riesgos.

Aprende y prepárate: La educación financiera juega un papel importante en superar el miedo y tomar decisiones audaces. Aprende sobre los conceptos financieros clave, investiga estrategias de inversión y entiende cómo funcionan los mercados financieros. Cuanto más conocimiento adquieras, más confianza tendrás para tomar decisiones financieras audaces.

Establece metas claras: Define metas financieras claras y realistas. Estas metas te proporcionarán un sentido de propósito y te motivarán a superar el miedo. Desglosa tus metas en pasos más pequeños y manejables, lo que hará que las decisiones financieras parezcan menos abrumadoras y más alcanzables.

Calcula el riesgo y la recompensa: Antes de tomar una decisión financiera audaz, evalúa cuidadosamente el riesgo y la recompensa potencial. Analiza los posibles escenarios y considera los factores que podrían influir en el resultado. Si bien siempre existe algún grado de riesgo, entenderlo te ayudará a tomar decisiones más informadas y confiables.

Da el primer paso: Una vez que hayas evaluado el riesgo y la recompensa, da el primer paso hacia tus metas financieras. La acción es fundamental para superar el miedo. No te quedes paralizado por la indecisión. Toma decisiones audaces y actúa en consecuencia. Recuerda que la inacción también conlleva riesgos y oportunidades perdidas.

Aprende de tus experiencias: A medida que tomas decisiones financieras audaces, aprende de tus éxitos y fracasos. Cada decisión financiera es una oportunidad de aprendizaje y crecimiento. Evalúa los resultados y ajusta tus estrategias según sea necesario. Este proceso iterativo te ayudará a ganar confianza y mejorar tus habilidades financieras.

Mantén una mentalidad de crecimiento: Cultiva una mentalidad de crecimiento que te permita ver las dificultades y los fracasos como oportunidades de aprendizaje. No te desanimes por los obstáculos que puedas enfrentar en el camino hacia tus metas financieras. Aprende de ellos, haz ajustes y sigue adelante con determinación.

Recuerda que superar el miedo y tomar decisiones financieras audaces es un proceso gradual. A medida que te acostumbras a enfrentar el miedo y tomas medidas audaces, tu confianza en tus habilidades financieras se fortalecerá. La práctica constante y la perseverancia te ayudarán a desarrollar el hábito de la acción y a tomar decisiones financieras audaces que impulsen tu éxito económico.

Cómo cultivar y mantener buenos hábitos financieros

Cultivar y mantener buenos hábitos financieros es clave para establecer una base sólida para tu bienestar económico a largo plazo. Establecer metas financieras claras te brindará una dirección clara y te motivará a tomar acciones consistentes para lograrlas. Elaborar un presupuesto y asignar cantidades específicas para cada categoría de gasto te ayudará a tener un control efectivo sobre tus finanzas y evitar gastos innecesarios.

La automatización de tus finanzas, como configurar pagos automáticos, te permitirá mantener el cumplimiento de tus compromisos financieros y evitar retrasos y penalizaciones. Establecer el hábito de ahorrar regularmente, ya sea para un fondo de emergencia o para ahorros a largo plazo, te brindará una red de seguridad financiera y te permitirá acumular riqueza con el tiempo.

Reducir y eliminar tus deudas priorizando el pago de aquellas de alto interés te dará más margen financiero para ahorrar e invertir. Dedicar tiempo a educarte sobre temas financieros y mantenerte actualizado te permitirá tomar decisiones informadas y mejorar tus habilidades financieras. La disciplina y el autocontrol serán fundamentales para evitar el gasto impulsivo y mantener el enfoque en tus metas financieras a largo plazo.

Es importante revisar y evaluar regularmente tus finanzas para asegurarte de que estás en el camino correcto. Realizar ajustes cuando sea necesario y celebrar tus logros te mantendrán motivado en tu camino hacia la estabilidad financiera. Además, buscar apoyo y motivación en comunidades de personas con metas financieras similares te brindará el estímulo necesario para mantener buenos hábitos financieros.

Recuerda que cultivar buenos hábitos financieros es un proceso continuo que requiere esfuerzo y constancia. Aprender de los errores y seguir adelante te permitirá alcanzar tus metas financieras y disfrutar de una mayor estabilidad económica a largo plazo. Con el tiempo, estos buenos hábitos financieros se convertirán en una parte natural de tu vida y te brindarán una base sólida para alcanzar tus sueños financieros.

A continuación, te presentare algunos aspectos a considerar en el camino hacia la libertad financiera.

1. Estrategias prácticas para establecer y fortalecer hábitos financieros saludables:

- Establecer metas financieras claras y alcanzables.
- Crear un presupuesto realista y seguirlo de manera consistente.
- Automatizar los ahorros y los pagos de deudas para garantizar la consistencia.

- Separar el dinero para gastos esenciales, ahorros y entretenimiento.
- Establecer un sistema de seguimiento para evaluar y ajustar tus hábitos financieros.

2. La importancia de la consistencia y la persistencia en la construcción de hábitos financieros duraderos:

La consistencia y la persistencia son esenciales para establecer hábitos financieros duraderos. Mantener un enfoque constante en tus metas financieras y seguir los hábitos establecidos te permitirá superar las dificultades y mantener un progreso constante a lo largo del tiempo. Los resultados financieros significativos se logran a través de la perseverancia y el compromiso a largo plazo.

3. Cómo superar obstáculos y resistir las tentaciones que pueden socavar nuestros buenos hábitos financieros:

Es fundamental identificar y anticipar los obstáculos y tentaciones que pueden surgir en el camino hacia nuestros objetivos financieros. Algunas estrategias para superarlos incluyen:

- Conocer y comprender tus puntos débiles financieros.
- Desarrollar un plan de contingencia para contrarrestar las tentaciones.
- Buscar apoyo y mantenerse motivado a través de redes de apoyo o grupos de interés común.
- Recordar constantemente tus metas financieras y visualizar los beneficios a largo plazo de mantener buenos hábitos financieros.

4. El poder de la autorreflexión y el autocontrol en la consolidación de los hábitos financieros deseados:

La autorreflexión y el autocontrol son fundamentales para consolidar los hábitos financieros deseados. Al examinar tus patrones de comportamiento y pensamiento relacionados con el dinero, puedes identificar áreas de mejora y tomar medidas correctivas. El autocontrol te permitirá resistir las tentaciones y mantener el enfoque en tus metas financieras a largo plazo. La autorreflexión constante te ayudará a evaluar tu progreso y realizar ajustes cuando sea necesario, lo que te permitirá consolidar tus hábitos financieros deseados y lograr una mayor estabilidad económica.

El impacto de los hábitos financieros en la vida cotidiana

- Cómo los buenos hábitos financieros influyen en nuestras decisiones diarias de gasto y ahorro:

Los buenos hábitos financieros nos ayudan a tomar decisiones más conscientes y racionales en nuestra vida diaria. Nos permiten evaluar nuestras necesidades y prioridades, evitando gastos impulsivos y enfocándonos en el ahorro. Al tener hábitos financieros saludables, somos más propensos a considerar las implicaciones financieras a corto y largo plazo de nuestras decisiones de gasto, lo que nos permite administrar mejor nuestros recursos y alcanzar nuestras metas financieras.

- La relación entre los hábitos financieros y el manejo eficiente del tiempo y los recursos:

Los hábitos financieros sólidos están estrechamente relacionados con el manejo eficiente del tiempo y los recursos. Al tener un presupuesto y hábitos de gasto estructurados, podemos asignar nuestros recursos de manera más efectiva y optimizar el uso de nuestro tiempo. La planificación financiera nos permite establecer prioridades, evitar el desperdicio de recursos y aprovechar al máximo las oportunidades disponibles. Los buenos hábitos financieros nos ayudan a desarrollar una mentalidad de eficiencia y maximización de recursos, lo que nos beneficia en todas las áreas de nuestra vida.

- Cómo los hábitos financieros sólidos fortalecen nuestras relaciones y nos brindan estabilidad y paz mental:

Los buenos hábitos financieros no solo impactan nuestra situación financiera personal, sino también nuestras relaciones y bienestar emocional. Al tener un manejo responsable de nuestras finanzas, nos sentimos más seguros y tranquilos, lo que nos permite tener relaciones más saludables y estables. Los hábitos financieros sólidos nos ayudan a evitar conflictos financieros y estrés relacionado con el dinero en nuestras relaciones, lo que fortalece los vínculos y promueve la armonía familiar. Además, al tener estabilidad financiera, podemos enfocarnos en otras áreas de nuestra vida y disfrutar de una mayor paz mental.

- El legado de los buenos hábitos financieros: cómo nuestras acciones impactan a las generaciones futuras:

Nuestros hábitos financieros tienen un impacto más allá de nuestra propia vida. Los buenos hábitos financieros establecidos y practicados consistentemente pueden crear un legado financiero positivo para las generaciones futuras. Al ahorrar e invertir de manera adecuada, enseñar a nuestros hijos sobre la importancia de la responsabilidad financiera y tomar decisiones financieras conscientes, estamos sentando las bases para un futuro más próspero para ellos. Nuestras acciones actuales pueden influir en su educación financiera, sus hábitos y su bienestar económico, brindándoles mayores oportunidades y una mayor seguridad financiera en el futuro.

"Cultivando la Riqueza"

En conclusión, durante este capítulo hemos explorado la importancia y el impacto de los hábitos financieros en nuestras vidas. Hemos comprendido que los hábitos financieros no se limitan a simples acciones aisladas, sino que constituyen un estilo de vida arraigado en nuestra mentalidad y en nuestras elecciones diarias.

Hemos aprendido que cultivar y mantener buenos hábitos financieros es fundamental para alcanzar la libertad financiera que todos anhelamos. Estos hábitos nos permiten establecer metas claras, crear presupuestos realistas, ahorrar de manera constante, reducir deudas y educarnos financieramente. A través de la consistencia y la persistencia, podemos construir una base sólida para nuestra estabilidad económica a largo plazo.

También hemos reconocido la importancia de superar obstáculos y resistir las tentaciones que puedan socavar nuestros buenos hábitos financieros. La autorreflexión y el autocontrol son herramientas poderosas para consolidar los hábitos financieros deseados y mantenernos en el camino hacia nuestras metas.

Además, hemos comprendido cómo los hábitos financieros influyen en nuestras decisiones diarias de gasto y ahorro, cómo impactan en el manejo eficiente del tiempo y los recursos, y cómo fortalecen nuestras relaciones y nos brindan estabilidad y paz mental. Los buenos hábitos financieros no solo mejoran nuestra situación financiera personal, sino que también dejan un legado positivo para las generaciones futuras.

En resumen, cada pequeño paso que damos hacia la construcción de buenos hábitos financieros nos acerca un paso más a la libertad financiera. Requiere esfuerzo, disciplina y perseverancia, pero el resultado vale la pena. Les deseo a todos mucho éxito en su camino hacia la prosperidad financiera y los animo a seguir cultivando y fortaleciendo sus hábitos financieros para crear un futuro próspero para ustedes y sus seres queridos. ¡Recuerden que el poder para alcanzar la libertad financiera está en sus manos y en sus hábitos financieros!

Capítulo 9: Autosugestión

Despierta tu poder interior

En nuestra sociedad, a menudo se nos enseña a depender de factores externos para alcanzar el éxito financiero, como obtener un título universitario, encontrar un empleo estable o depender de la economía. Sin embargo, la autosugestión nos enseña que el verdadero poder para alcanzar nuestros objetivos financieros reside en nuestro interior.

La autosugestión implica utilizar afirmaciones, visualizaciones y pensamientos positivos para reprogramar nuestra mente subconsciente y generar un cambio en nuestra mentalidad y comportamiento financiero. Es el proceso de influir en nuestra propia mente para adoptar creencias y actitudes que nos impulsen hacia el éxito financiero.

En este capítulo, exploraremos cómo podemos utilizar la autosugestión para transformar nuestras vidas financieras. Aprenderemos a identificar y superar las creencias limitantes que nos han estado frenando, y reemplazarlas con pensamientos y creencias potenciadoras que nos impulsen hacia el éxito.

La autosugestión nos enseña que nuestros pensamientos y palabras tienen un poder inmenso para crear nuestra realidad. Cuando cultivamos una mentalidad de abundancia, cuando visualizamos con claridad nuestros objetivos financieros y cuando utilizamos afirmaciones positivas, estamos enviando señales poderosas a nuestra mente subconsciente, que a su vez afectan nuestras acciones y decisiones en el mundo real.

Esta conferencia también explorará la importancia de mantener la disciplina y la consistencia en la práctica de la autosugestión. Al igual que cualquier habilidad, la autosugestión requiere práctica y compromiso. Aprenderemos técnicas y estrategias para mantenernos enfocados, motivados y comprometidos con nuestros nuevos hábitos de autosugestión a largo plazo.

La autosugestión no es solo una teoría abstracta, sino una herramienta práctica y efectiva para lograr el éxito financiero. A través de ejemplos, estudios de casos y consejos prácticos, este capítulo le brindará a los emprendedores y soñadores las herramientas y el conocimiento para aplicar la autosugestión en sus vidas y alcanzar la libertad financiera que desean.

Recuerden, todos tenemos el poder de cambiar nuestras vidas financieras a través de la autosugestión. No importa cuál sea tu situación actual, puedes comenzar a transformar tu realidad financiera a partir de hoy mismo.

Comprendiendo la autosugestión

Definiendo la autosugestión

En esta parte del capítulo, se profundizará en el concepto de autosugestión y se explorará cómo funciona. La autosugestión se refiere a la capacidad de influir en nuestra propia mente y comportamiento a través de sugestiones conscientes. Se trata de comunicarnos de manera intencionada con nuestra mente subconsciente para implantar pensamientos, creencias y actitudes que nos ayuden a alcanzar nuestros objetivos.

La autosugestión se basa en la idea de que nuestra mente subconsciente es receptiva a las sugestiones que le proporcionamos de manera repetitiva y emocionalmente cargada. A través de nuestras palabras, pensamientos, visualizaciones y afirmaciones, podemos enviar mensajes positivos y constructivos a nuestra mente subconsciente.

Cuando practicamos la autosugestión, estamos utilizando nuestra propia capacidad de influir en nuestra mente para reprogramarla y generar cambios en nuestra vida. Puede ser utilizado en diferentes áreas, como mejorar la autoestima, superar miedos, desarrollar habilidades o lograr metas financieras.

La autosugestión implica utilizar afirmaciones positivas, visualizaciones creativas y pensamientos constructivos para fortalecer nuestras creencias y actitudes hacia determinados aspectos de nuestra vida. Al repetir y enfatizar estas sugestiones de manera constante, estamos enviando un mensaje claro a nuestra mente subconsciente y reforzando nuevos patrones de pensamiento.

Es importante destacar que la autosugestión requiere práctica, persistencia y compromiso. No se trata solo de repetir afirmaciones de manera mecánica, sino de involucrar nuestras emociones y creer genuinamente en las sugestiones que nos damos a nosotros mismos. Al hacerlo, podemos influir en nuestros pensamientos, actitudes y comportamientos, lo que a su vez puede tener un impacto positivo en nuestras vidas..

Nuestras palabras, pensamientos y visualizaciones tienen un impacto directo en nuestra mentalidad y comportamiento financiero. Esto se debe a que nuestra mente subconsciente es receptiva a las sugestiones que le proporcionamos de manera repetitiva y emocionalmente cargada. Al entender este principio, podemos utilizar la autosugestión como una herramienta poderosa para reprogramar nuestra mente y transformar nuestra relación con el dinero.

Al aplicar la autosugestión de manera consciente, podemos superar creencias limitantes que nos han impedido alcanzar el éxito financiero. Estas creencias limitantes pueden incluir pensamientos negativos sobre el dinero, el miedo al fracaso o la falta de confianza en nuestras habilidades financieras. Al reemplazar estas creencias por pensamientos y afirmaciones positivas, podemos comenzar a adoptar una mentalidad de abundancia y éxito financiero.

La clave para utilizar la autosugestión de manera efectiva es la repetición y la emoción. Al repetir afirmaciones positivas y visualizaciones de nuestros objetivos financieros, estamos enviando un mensaje constante a nuestra mente subconsciente y reforzando nuevas creencias. Al agregar emoción a nuestras sugestiones, como la gratitud, el entusiasmo y la confianza, podemos acelerar el proceso de reprogramación mental.

Al reprogramar nuestra mente a través de la autosugestión, podemos cambiar nuestra mentalidad y comportamiento hacia el dinero. Podemos comenzar a creer en nuestra capacidad para generar riqueza, tomar decisiones financieras inteligentes y aprovechar las oportunidades que se presenten. La autosugestión nos permite desarrollar una mentalidad de abundancia y éxito, lo cual puede tener un impacto directo en nuestra capacidad para alcanzar nuestras metas y objetivos financieros.

En resumen, la autosugestión nos brinda la capacidad de reprogramar nuestra mente para superar creencias limitantes y adoptar una mentalidad de abundancia y éxito financiero. Al comprender cómo funciona la autosugestión y aplicarla de manera consciente, podemos utilizar nuestras palabras, pensamientos y visualizaciones para transformar nuestra relación con el dinero y alcanzar nuestros objetivos financieros.

El poder de la mente subconsciente

La mente subconsciente tiene un poder increíble que puede influir en nuestra vida de muchas maneras. Es la parte de nuestra mente que almacena información, como experiencias, creencias y patrones de comportamiento. Aunque no siempre nos damos cuenta, nuestra mente subconsciente guía gran parte de nuestras acciones y decisiones.

Este poder se debe a que la mente subconsciente procesa información rápidamente y tiene un papel importante en la formación de nuestras creencias y autopercepción. Si tenemos creencias negativas sobre nosotros mismos, es probable que enfrentemos dificultades para alcanzar nuestros objetivos.

Sin embargo, podemos aprovechar el poder de la mente subconsciente a nuestro favor. Mediante la autosugestión, podemos influir en nuestra mente subconsciente al repetir afirmaciones positivas y visualizar nuestros objetivos. Al hacerlo, podemos reprogramar nuestras creencias limitantes y adoptar una mentalidad de éxito.

Además, algunos creen que la mente subconsciente tiene una conexión con el universo a través de la ley de la atracción. Según esta idea, nuestras emociones y pensamientos atraen circunstancias y oportunidades que están en sintonía con nuestra energía.

Nuestra mente subconsciente tiene un papel importante en nuestras finanzas personales. Veamos cómo interactúa:

Creencias sobre el dinero: Nuestras creencias subconscientes sobre el dinero afectan nuestra actitud y comportamiento financiero. Si creemos negativamente, como "el dinero es malo" o "nunca seré rico", nuestras decisiones financieras pueden verse limitadas. Es crucial identificar y cambiar estas creencias limitantes para mejorar nuestra relación con el dinero.

Patrones de comportamiento: Nuestros patrones financieros, como gastar impulsivamente o tener dificultades para ahorrar, son impulsados por la mente subconsciente. Estos patrones se basan en hábitos arraigados en nuestro subconsciente. Para mejorar nuestras finanzas, debemos explorar y cambiar estos patrones negativos usando la autosugestión y la reprogramación mental.

Toma de decisiones: La mente subconsciente influye en nuestras decisiones financieras, a veces más de lo que creemos. Nuestras decisiones no siempre son racionales, sino que están influenciadas por instintos y emociones procesados en el subconsciente. Es importante ser conscientes de nuestras reacciones emocionales y tomar decisiones financieras basadas en un enfoque consciente y racional.

Ley de la atracción: La mente subconsciente y la ley de la atracción están relacionadas en las finanzas. Si mantenemos pensamientos y emociones negativas acerca del dinero, podemos atraer situaciones financieras negativas. Por el contrario, al cultivar una mentalidad positiva y de abundancia, atraemos oportunidades y circunstancias financieras favorables.

En resumen, la mente subconsciente es poderosa y puede influir en nuestras acciones y percepciones tiene un impacto significativo en nuestras finanzas personales. Al comprender su funcionamiento y utilizar técnicas como la autosugestión, podemos cambiar nuestras creencias y atraer experiencias positivas que nos ayuden a alcanzar nuestros objetivos y trabajar en armonía con ella, también podemos reprogramar creencias limitantes, cambiar patrones de comportamiento negativos y tomar decisiones financieras más conscientes. Esto nos permite construir una mentalidad financiera saludable y avanzar hacia el éxito financiero que deseamos.

Ley de la atracción

La ley de la atracción es un principio metafísico que sostiene que atraemos a nuestras vidas aquello en lo que nos enfocamos, ya sea positivo o negativo. Según esta ley, nuestros pensamientos, emociones y creencias emiten una energía vibracional que atrae situaciones y circunstancias similares a nuestra realidad.

La relación entre la ley de la atracción y la autosugestión radica en el hecho de que ambas se basan en la influencia de nuestros pensamientos y emociones en nuestra realidad. Veamos cómo se relacionan:

La autosugestión es el proceso de influir en nuestra propia mente a través de sugestiones conscientes. Al utilizar afirmaciones positivas, visualizaciones y pensamientos constructivos, estamos enviando mensajes a nuestra mente subconsciente, reprogramándola para adoptar nuevas creencias y actitudes.

Cuando aplicamos la autosugestión de manera efectiva, estamos enfocando nuestros pensamientos y emociones en resultados positivos y en la abundancia. Al hacerlo, emitimos una energía vibracional positiva que se alinea con lo que deseamos atraer a nuestras vidas.

La ley de la atracción sugiere que esta energía vibracional positiva atraerá situaciones y oportunidades que estén en sintonía con nuestros pensamientos y emociones. Si cultivamos una mentalidad de abundancia y éxito financiero a través de la autosugestión, es más probable que atraigamos experiencias y circunstancias financieras favorables.

Por otro lado, si mantenemos pensamientos y emociones negativas sobre el dinero, la escasez o el fracaso, estamos emitiendo una energía vibracional negativa. Según la ley de la atracción, esto puede atraer situaciones financieras desfavorables.

En resumen, la autosugestión y la ley de la atracción están relacionadas en el sentido de que ambas se basan en la influencia de nuestros pensamientos y emociones en nuestra realidad. Al practicar la autosugestión para cultivar una mentalidad positiva y de abundancia, estamos alineando nuestra energía vibracional con la ley de la atracción y atrayendo experiencias financieras más favorables.

Rompiendo barreras mentales

Identificando y superando creencias limitantes

Una empresa llamada "Innovatech" que se dedicaba a la fabricación y venta de dispositivos electrónicos. Durante muchos años, la empresa había experimentado dificultades y estancamiento en su crecimiento. Los directivos y empleados tenían creencias limitantes arraigadas en su mente, como "no podemos competir con las grandes compañías" y "no tenemos la capacidad de innovar".

Un día, el CEO de Innovatech tuvo la oportunidad de asistir a una conferencia que abordaba el poder de la autosugestión. Durante el evento, se dio cuenta de que las creencias limitantes eran el mayor obstáculo para el éxito y el crecimiento de su empresa. Inspirado por esta revelación, decidió tomar medidas y liderar un cambio positivo en la mentalidad de su equipo. Implementó un programa integral de desarrollo personal y profesional basado en la autosugestión, con el objetivo de ayudar a cada miembro del equipo a superar sus creencias limitantes y desbloquear su máximo potencial. Este enfoque no solo fortaleció la confianza y la motivación de los empleados, sino que también impulsó la cultura de innovación y la capacidad de la empresa para enfrentar nuevos desafíos con una mentalidad positiva y enfocada en el éxito.

El primer paso fue identificar las creencias limitantes. Se realizó una sesión de lluvia de ideas en la que los empleados compartieron abiertamente sus creencias negativas y limitantes. Estas creencias fueron anotadas y analizadas para comprender su impacto en la empresa.

Luego, se introdujo la práctica de la autosugestión en el entorno de trabajo. Se establecieron reuniones regulares donde los empleados se animaban mutuamente a utilizar afirmaciones positivas y visualizaciones de éxito. Se alentó a todos a repetir afirmaciones como "somos capaces de competir y superar a las grandes compañías" y "nuestra creatividad e innovación nos destacan en el mercado".

Con el tiempo, las creencias limitantes comenzaron a desvanecerse a medida que los empleados adoptaban una mentalidad más positiva y confiada. La autosugestión se convirtió en una práctica diaria y todos se apoyaban mutuamente en su proceso de cambio.

A medida que las creencias limitantes se desvanecían, Innovatech experimentó un cambio significativo en su enfoque y resultados. Los empleados se volvieron más colaborativos, creativos e innovadores. Se lanzaron nuevos productos revolucionarios al mercado y se establecieron alianzas estratégicas con otras empresas importantes.

La empresa comenzó a crecer rápidamente y se convirtió en un líder en su industria. Los clientes reconocieron su enfoque innovador y sus productos de alta calidad. Innovatech se convirtió en un ejemplo de éxito y superación de creencias limitantes mediante la autosugestión.

En resumen, la empresa Innovatech demostró que la autosugestión puede ser una poderosa herramienta para superar e identificar creencias limitantes. A través de la práctica constante de afirmaciones positivas y visualizaciones de éxito, los empleados transformaron su mentalidad y lograron resultados excepcionales en la empresa. Su historia se convirtió en una fuente de inspiración para otros, motivándolos a aplicar la autosugestión en sus propias vidas y carreras para superar obstáculos y alcanzar el éxito deseado. La experiencia de Innovatech resalta el poder de la autosugestión como una herramienta transformadora que puede desbloquear el potencial humano y conducir a resultados extraordinarios.

El poder de la visualización

El poder de la visualización radica en su capacidad para influir en nuestra mente y comportamiento. La visualización es una técnica en la que creamos imágenes mentales vívidas y detalladas de nuestros deseos y metas. A continuación, se explican algunos aspectos clave de su poder:

La visualización actúa como una forma de programar nuestra mente subconsciente. Al crear imágenes claras y positivas, enviamos un mensaje a nuestro subconsciente sobre lo que queremos lograr. Nuestro subconsciente acepta estas imágenes como instrucciones y trabaja para hacerlas realidad en nuestra vida.

La visualización nos ayuda a enfocarnos y dirigir nuestra atención hacia nuestros objetivos. Al visualizar lo que deseamos, nos mantenemos motivados y orientados. Esto nos ayuda a concentrarnos en nuestras metas, incluso en momentos de desafío.

La visualización refuerza nuestras creencias positivas sobre nosotros mismos y nuestras capacidades. Al imaginar escenas de éxito y logro, fortalecemos nuestra confianza y autoestima. Esto nos permite superar creencias limitantes y actuar con mayor seguridad.

La visualización está relacionada con la ley de la atracción. Al visualizar nuestras metas con emoción y convicción, estamos enviando una señal energética al universo. Según la ley de la atracción, esta energía atraerá circunstancias y oportunidades en consonancia con nuestras visualizaciones.

La visualización también puede mejorar nuestro rendimiento en diversas áreas. Al visualizar con detalle las acciones y resultados deseados, fortalecemos las conexiones neuronales en nuestro cerebro, lo que puede conducir a un mejor desempeño cuando llega el momento de la acción real.

En resumen, la visualización es una herramienta poderosa que nos permite programar nuestra mente, enfocarnos en nuestras metas, fortalecer nuestras creencias, activar la ley de la atracción y mejorar nuestro rendimiento. Al practicar la visualización de manera regular y consistente, podemos aprovechar su poder para manifestar nuestros deseos y alcanzar el éxito en diferentes áreas de nuestras vidas.

El lenguaje de la autosugestión

El lenguaje de la autosugestión se caracteriza por el uso de afirmaciones positivas y constructivas, pensamientos y palabras que refuerzan nuestras creencias empoderadoras y desafían las limitaciones. Se trata de utilizar un lenguaje persuasivo y motivador, dirigido hacia uno mismo, con el fin de reprogramar nuestra mente subconsciente. Este lenguaje se enfoca en cultivar una mentalidad de éxito, abundancia y superación personal, con frases como "soy capaz", "tengo el poder de lograr mis metas" y "atraigo oportunidades y prosperidad". La elección cuidadosa de las palabras y la repetición constante son elementos clave en el lenguaje de la autosugestión para reforzar nuestras creencias positivas y generar un cambio positivo en nuestra vida.

Desde otro punto de vista, el lenguaje de la autosugestión se convierte en una herramienta transformadora que nos permite cambiar nuestra perspectiva y reprogramar nuestra mente hacia el crecimiento personal y el éxito. Al utilizar palabras y frases positivas, estamos construyendo un diálogo interno alentador que fortalece nuestra autoconfianza y nos impulsa a alcanzar nuestras metas. A medida que practicamos la autosugestión, estamos entrenando nuestra mente para enfocarse en lo positivo, superar las limitaciones y cultivar una mentalidad de abundancia y logro. Este lenguaje nos ayuda a desafiar nuestras creencias autolimitantes y a abrazar nuestro potencial ilimitado, creando un cambio profundo en nuestra forma de pensar y actuar.

Hábitos de autosugestión para el éxito financiero

Creando una mentalidad de abundancia: Una mentalidad de abundancia es aquella que cree que hay suficiente para todos, que el éxito de los demás no nos resta a nosotros, y que podemos crear nuestra propia realidad con nuestros pensamientos y acciones. Para cultivar una mentalidad de abundancia, podemos aplicar estos hábitos en el día a día:

- Reconocer y celebrar nuestros logros y los de los demás, sin compararnos ni envidiar.
- Afirmar y visualizar nuestros objetivos financieros con confianza y optimismo, sin dudar ni temer.
- Ser generosos y solidarios con los demás, sin esperar nada a cambio ni sentirnos culpables.
- Aprender y crecer constantemente, sin conformarnos ni estancarnos.

El poder de la gratitud: La gratitud es el sentimiento de aprecio y reconocimiento por lo que tenemos y lo que recibimos, tanto material como espiritualmente. Practicar la gratitud puede elevar nuestra vibración y atraer más oportunidades financieras a nuestras vidas, porque:

- Nos hace sentir felices y satisfechos, lo que nos motiva a seguir adelante y a superar los obstáculos.
- Nos hace ver el lado positivo de las cosas, lo que nos abre la mente a nuevas posibilidades y soluciones.
- Nos hace valorar lo que tenemos, lo que nos ayuda a administrarlo mejor y a multiplicarlo.
- Nos hace atraer personas y situaciones favorables, lo que nos brinda más apoyo y recursos.

Para practicar la gratitud, podemos aplicar estos hábitos en el día a día:

- Escribir o decir en voz alta al menos tres cosas por las que estamos agradecidos cada día, preferiblemente por la mañana o por la noche.

- Expresar nuestro agradecimiento a las personas que nos ayudan o nos inspiran, ya sea personalmente o mediante una nota, un mensaje o un regalo.

- Agradecer al universo o a nuestra fuente superior por todo lo que nos ofrece, ya sea mediante una oración, una meditación o un ritual.

- Ser conscientes y disfrutar de cada momento presente, sin dar nada por sentado ni quejarnos.

Manteniendo la disciplina y la consistencia: La disciplina es la capacidad de seguir un plan o una rutina para alcanzar una meta, sin distraernos ni rendirnos. La consistencia es la capacidad de mantener esa disciplina a lo largo del tiempo, sin perder el foco ni el entusiasmo. La disciplina y la consistencia son clave para la autosugestión, porque:

- Nos permiten reprogramar nuestra mente subconsciente con nuevos pensamientos y creencias positivas sobre el dinero y nuestra capacidad para generar riqueza.
- Nos ayudan a crear hábitos financieros saludables que nos acercan a nuestros objetivos, como ahorrar, invertir, diversificar o educarnos.
- Nos dan confianza y seguridad en nosotros mismos y en nuestro potencial, lo que nos impulsa a tomar acción y aprovechar las oportunidades.

Para mantener la disciplina y la consistencia en la autosugestión, podemos aplicar estos hábitos en el día a día:

- Establecer una hora fija para realizar nuestras afirmaciones o visualizaciones financieras, preferiblemente al despertar o al acostarnos.

- Repetir nuestras afirmaciones o visualizaciones al menos dos veces al día, durante unos minutos cada vez, con emoción e intensidad.
- Revisar nuestros objetivos financieros periódicamente, para recordarlos, medir nuestro progreso y ajustar nuestro plan si es necesario.
- Buscar apoyo o inspiración en otras personas que hayan logrado lo que queremos, ya sea leyendo sus libros, escuchando sus podcasts o siguiendo sus consejos.

Acción y resultado

La autosugestión es una herramienta poderosa para cambiar nuestra mentalidad y atraer la abundancia a nuestras vidas, pero no es suficiente con solo pensar positivo. También debemos pasar a la acción y tomar las medidas necesarias para lograr nuestros objetivos financieros. En este capítulo, aprenderemos cómo convertir nuestras sugestiones internas en acciones concretas que nos acerquen a nuestros sueños.

Sin embargo, el camino hacia el éxito financiero no está exento de dificultades y obstáculos. Podemos encontrarnos con situaciones adversas, imprevistos, errores o fracasos que nos desanimen o nos hagan dudar de nosotros mismos. Por eso, es importante utilizar la autosugestión para superar los desafíos y obstáculos en nuestro camino y para reforzar nuestra confianza, resiliencia y creatividad ante los problemas.

Finalmente, no debemos olvidar celebrar el éxito. Cada paso que damos hacia nuestros objetivos financieros es un motivo de alegría y orgullo. Reconocer y celebrar nuestros logros nos ayuda a mantener la motivación, el entusiasmo y la gratitud por lo que tenemos y lo que hemos conseguid, descubriendo cómo reconocer y celebrar nuestros logros a medida que avanzamos hacia la realización de nuestros sueños financieros.

"El sueño de ser empresario"

Carlos era un joven que soñaba con ser un empresario exitoso, pero que se sentía inseguro y temeroso de emprender su propio negocio. Había leído muchos libros de autoayuda y desarrollo personal, pero no lograba poner en práctica lo que aprendía. Un día, se encontró con un libro que le llamó la atención: "El poder de la autosugestión", escrito por Émile Coué, el farmacólogo francés que desarrolló esta técnica psicológica a principios del siglo XX.

Carlos decidió comprar el libro y leerlo con atención. En él, descubrió que la autosugestión era una forma de influir en su propia mente, mediante pensamientos positivos, frases motivadoras y visualizaciones creativas, que le ayudarían a superar sus miedos, aumentar su confianza y alcanzar sus objetivos financieros. El libro también le enseñó el método Coué, que consistía en repetir varias veces al día la siguiente frase: "Cada día, en todos los aspectos, estoy mejor y mejor".

Carlos se sintió inspirado por el libro y decidió aplicar la autosugestión en su vida. Cada mañana, al despertar, y cada noche, al acostarse, se decía a sí mismo: "Cada día, en todos los aspectos, estoy mejor y mejor". También se repetía otras afirmaciones positivas relacionadas con su sueño de ser empresario, como: "Soy capaz de crear mi propio negocio", "Tengo las habilidades y los recursos necesarios para triunfar", "Atraigo oportunidades y clientes a mi vida", etc. Además, se imaginaba con detalle cómo sería su negocio ideal, cómo lo pondría en marcha, cómo lo gestionaría y cómo disfrutaría de los beneficios.

Poco a poco, Carlos fue notando los efectos de la autosugestión en su mente y en su realidad. Se sintió más seguro y decidido a emprender su proyecto. Buscó información, asesoramiento y financiación para su negocio. Contactó con proveedores, socios y clientes potenciales. Registró su marca, creó su página web y lanzó su producto al mercado. Su negocio empezó a crecer y a generar ingresos. Carlos se sentía feliz y orgulloso de haber cumplido su sueño.

Carlos atribuyó su éxito financiero a la autosugestión. Según él, esta técnica le había permitido cambiar su mentalidad, superar sus obstáculos y celebrar sus logros. Por eso, siguió practicando la autosugestión cada día, para mantener su motivación y seguir avanzando hacia nuevos retos. También recomendó el libro de Coué a sus amigos y familiares, para que ellos también pudieran beneficiarse del poder de la autosugestión.

En General: La historia de Carlos nos muestra cómo la autosugestión puede ser una herramienta poderosa para cambiar nuestra mentalidad y atraer la abundancia a nuestras vidas. Al repetir pensamientos positivos, frases motivadoras y visualizaciones creativas, Carlos logró superar sus miedos, aumentar su confianza y alcanzar sus objetivos financieros. La autosugestión le permitió reprogramar su mente subconsciente con nuevas creencias y hábitos que lo impulsaron a tomar acción y aprovechar las oportunidades. La autosugestión también le ayudó a celebrar sus logros y a mantener su motivación para seguir creciendo y aprendiendo. La historia de Carlos nos invita a aplicar la autosugestión en nuestra propia vida, para cumplir nuestros sueños y vivir con plenitud.

La autosugestión es una técnica psicológica que consiste en influir en nuestra propia mente, mediante pensamientos positivos, frases motivadoras y visualizaciones creativas, que nos ayudan a superar nuestros miedos, aumentar nuestra confianza y alcanzar nuestros objetivos. La autosugestión nos permite cambiar nuestra mentalidad y atraer la abundancia a nuestras vidas, al reprogramar nuestro subconsciente con nuevas creencias y hábitos que nos acercan a nuestros sueños. La autosugestión también nos permite celebrar nuestros logros y mantener nuestra motivación para seguir avanzando y creciendo. La autosugestión es una herramienta poderosa que podemos aplicar en nuestra propia vida, para cumplir nuestros sueños y vivir con plenitud. "La autosugestión es el arte de crear tu propia realidad con el poder de tu mente. Repite cada día lo que quieres ser, hacer y tener, y lo conseguirás".

Capítulo 10:
Tecnología

Cómo la Tecnología Impulsa tu Crecimiento Económico y Bienestar

La tecnología ha revolucionado la forma en que las personas gestionan sus finanzas y ha abierto innumerables oportunidades para alcanzar el éxito financiero de manera más efectiva y eficiente. En el siglo XXI, las herramientas tecnológicas se han convertido en aliados indispensables para aquellos que desean mejorar su situación financiera y alcanzar sus metas económicas.

En primer lugar, la tecnología ha permitido un acceso sin precedentes a la información financiera. Hoy en día, tenemos una gran cantidad de aplicaciones y sitios web que nos brindan datos en tiempo real sobre los mercados de inversión, tasas de interés, rendimiento de activos y mucho más. Esto significa que podemos tomar decisiones informadas y oportunas sobre cómo manejar nuestras inversiones y ahorros, lo que aumenta significativamente nuestras posibilidades de obtener mayores rendimientos y evitar riesgos innecesarios.

Además, las herramientas de gestión financiera personal se han vuelto esenciales para el éxito financiero. Las aplicaciones de presupuesto y seguimiento de gastos nos permiten tener un control preciso de nuestras finanzas, ayudándonos a identificar áreas de gasto excesivo y oportunidades para ahorrar. Mediante el análisis de patrones de gasto, podemos tomar decisiones inteligentes sobre cómo optimizar nuestros recursos y redirigirlos hacia objetivos financieros específicos, como invertir en educación, emprender un negocio o ahorrar para la jubilación.

Por otro lado, la tecnología ha democratizado el acceso a servicios financieros. Antes, solo los bancos tradicionales tenían el monopolio en la gestión de cuentas y préstamos, pero ahora, las fintechs y las aplicaciones de banca en línea ofrecen servicios más ágiles, transparentes y accesibles. Estas plataformas facilitan la apertura de cuentas, proporcionan opciones de inversión asequibles y ofrecen préstamos con tasas competitivas. Esto permite que más personas tengan acceso a herramientas financieras avanzadas y puedan aprovechar oportunidades que antes estaban reservadas para unos pocos.

Otra forma en que la tecnología puede impulsar el éxito financiero es mediante el desarrollo de habilidades. Plataformas en línea ofrecen una amplia gama de cursos y recursos educativos sobre inversión, emprendimiento, gestión financiera y desarrollo profesional. Aprovechar estas oportunidades para adquirir conocimientos y habilidades puede hacer una gran diferencia en cómo nos enfrentamos a los desafíos financieros y cómo buscamos nuevas oportunidades.

La tecnología ha facilitado el emprendimiento y la creación de negocios. Con el advenimiento del comercio electrónico, las redes sociales y las herramientas de marketing digital, es más fácil que nunca lanzar un negocio y llegar a un mercado global. Esto brinda a las personas la oportunidad de ser sus propios jefes, seguir sus pasiones y generar ingresos significativos.

Es decir, la tecnología juega un papel crucial en el camino hacia el éxito financiero. Proporciona información en tiempo real, herramientas de gestión financiera personal, acceso a servicios financieros, oportunidades educativas y facilita el emprendimiento. Al aprovechar estas ventajas, podemos tomar decisiones financieras más informadas, administrar nuestros recursos de manera efectiva y aprovechar nuevas oportunidades para alcanzar nuestras metas económicas y aspiraciones financieras.

En el mundo financiero actual, lograr el éxito económico requiere una gestión precisa y proactiva de tus recursos. Aquí es donde brillan las aplicaciones de seguimiento financiero, como Mint y Personal Capital, que se convierten en tu guía confiable hacia una salud financiera sólida.

Estas ingeniosas herramientas te brindan la capacidad de conectar todas tus cuentas bancarias, tarjetas de crédito e inversiones en un solo lugar, permitiéndote crear un presupuesto personalizado y exhaustivo.

Imagina tener una visión completa de tus gastos e ingresos en tiempo real, con gráficos e informes claros y concisos, que desglosan cada transacción y patrón de gasto. Esta información es la clave para comprender tus hábitos financieros y te empodera para tomar decisiones informadas. ¿Necesitas recortar gastos innecesarios o aumentar tus ahorros? Estas aplicaciones te alertan sobre áreas de mejora y te ofrecen recomendaciones personalizadas para alcanzar tus objetivos económicos.

Pero eso no es todo, estas plataformas avanzadas también te permiten establecer metas financieras concretas y monitorear tu progreso en tiempo real. ¿Sueñas con un viaje épico, un fondo de emergencia o el anhelado inicio de un negocio propio? Con las herramientas de seguimiento financiero, puedes trazar tu camino hacia esas metas con pasos medibles y alcanzables.

Por lo que, las aplicaciones de seguimiento financiero son tus aliadas invaluables en el camino hacia el éxito financiero. Te dan el control total sobre tus finanzas, te ofrecen una visión clara de tus gastos e ingresos, te guían hacia el ahorro inteligente y te inspiran a alcanzar tus sueños económicos más ambiciosos. No importa cuál sea tu situación financiera actual, estas herramientas te llevarán de la mano hacia un futuro próspero y seguro.

En mundo moderno, donde el tiempo es un recurso valioso, las aplicaciones de productividad se presentan como la clave para alcanzar niveles sobresalientes de eficiencia y organización. Imagina contar con aliados digitales como Trello, Notion o Asana, que te empoderan para hacer malabarismos con tus responsabilidades, proyectos y metas con facilidad.

Estas aplicaciones, respaldadas por tecnología de vanguardia, te permiten organizar tu vida laboral y personal de manera sin precedentes. Desde la planificación y asignación de tareas hasta el establecimiento de plazos concretos, podrás visualizar cada paso de tus proyectos de forma clara y estructurada. ¡Adiós a las notas dispersas y listas de tareas desordenadas!

Pero eso no es todo, la verdadera magia radica en su capacidad para impulsar la colaboración en equipo. Con la posibilidad de trabajar en tiempo real con colegas, amigos o familiares, podrás mantener una sincronización perfecta y compartir ideas sin esfuerzo. La comunicación fluida y transparente se vuelve la norma, permitiendo que cada miembro contribuya con su experticia y lleve la creatividad al siguiente nivel.

¿Te preocupa que algo quede olvidado en la vorágine diaria? ¡Descansa tranquilo! Estas herramientas te envían recordatorios y notificaciones para asegurarse de que ningún detalle se escape a tu atención. Además, podrás establecer prioridades y visualizar tu progreso, lo que te mantendrá motivado y enfocado en tus objetivos.

Las aplicaciones de productividad son tus leales asistentes digitales para maximizar tu tiempo y potenciar tu eficiencia. Con su ayuda, podrás organizar proyectos, delegar tareas, establecer plazos y colaborar en equipo de manera fluida. Da la bienvenida a una vida más organizada, enfocada y productiva mientras te abres camino hacia el éxito en cada aspecto de tu vida. ¡Prepárate para liberar tu máximo potencial y conquistar tus ambiciones con la tecnología a tu lado!

Las plataformas de inversión en línea se presentan como la llave maestra para desbloquear el potencial de crecimiento de tus ingresos. Si sueñas con hacer crecer tu patrimonio y diversificar tus activos, plataformas líderes como Robinhood o eToro te abren las puertas a un vasto universo de oportunidades financieras con comisiones bajas o incluso nulas.

Estas plataformas pioneras han democratizado el acceso a los mercados financieros, permitiendo que inversores de todos los niveles se sumerjan en acciones, criptomonedas y otros activos con facilidad y confianza. ¿Eres nuevo en el mundo de las inversiones? ¡No hay problema! Estas plataformas han sido especialmente diseñadas para principiantes, brindándote todas las herramientas y recursos necesarios para tomar decisiones informadas.

El análisis y la información financiera se vuelven tus mejores aliados. Con gráficos intuitivos y actualizaciones en tiempo real, podrás evaluar el rendimiento de tus activos y estar al tanto de las últimas tendencias del mercado. Pero eso no es todo, estas plataformas te ofrecen una característica única: la posibilidad de seguir a inversores experimentados y aprender de sus estrategias. Así, cada movimiento se convierte en una valiosa lección para afianzar tus habilidades y construir un portafolio sólido.

La diversificación se vuelve una realidad alcanzable. Con solo unos clics, puedes explorar una amplia gama de activos, desde acciones de empresas líderes hasta las criptomonedas más prometedoras. Tu libertad para personalizar tu portafolio y balancear tus inversiones se amplía, reduciendo los riesgos y maximizando el potencial de rendimiento.

Las plataformas de inversión en línea son tus aliadas imprescindibles para llevar tus ingresos al siguiente nivel. Te ofrecen acceso directo a los mercados financieros globales, brindándote oportunidades para invertir en acciones, criptomonedas y más, sin barreras ni comisiones excesivas. Si eres nuevo en este mundo, no hay problema, ya que estas plataformas están diseñadas para facilitar tu aprendizaje y permitirte seguir a expertos. Prepárate para descubrir un emocionante viaje hacia el crecimiento financiero y la libertad económica con estas poderosas herramientas tecnológicas a tu disposición.

Encontrar equilibrio y bienestar es esencial para alcanzar el éxito en todos los aspectos de nuestra existencia. Las aplicaciones de meditación y bienestar, como Calm y Headspace, se erigen como una pausa revitalizante en medio del bullicio diario. Estas poderosas herramientas tecnológicas están diseñadas para brindarte un oasis de tranquilidad y serenidad, guiándote hacia una mente clara y un cuerpo relajado.

Imagina poder acceder a una amplia gama de ejercicios de meditación y técnicas de relajación desde la comodidad de tu dispositivo móvil. Estas aplicaciones te ofrecen una biblioteca de contenido diverso, que abarca desde meditaciones guiadas hasta ejercicios de respiración y visualización, diseñados para adaptarse a tu estilo de vida y necesidades específicas.

A través de la tecnología, puedes llevar contigo una valiosa caja de herramientas para gestionar el estrés y las tensiones diarias. Con solo unos minutos de dedicación diaria, puedes liberar la ansiedad, encontrar la calma interior y cultivar la resiliencia necesaria para enfrentar los desafíos con una perspectiva más positiva.

La meditación y el bienestar no solo son una forma de aliviar el estrés, sino también una vía para mejorar la concentración y el enfoque. Estas aplicaciones te permiten entrenar tu mente para estar presente en el aquí y ahora, lo que te brinda una ventaja en tu rendimiento diario y en la consecución de tus metas.

Además, estas aplicaciones ofrecen una variedad de contenido adicional que abarca desde sesiones de sueño hasta ejercicios de yoga, permitiéndote mejorar la calidad de tu descanso y fomentar una conexión más profunda entre tu mente y tu cuerpo.

Las aplicaciones de meditación y bienestar son como un refugio virtual para tu mente y tu cuerpo. Te brindan la oportunidad de desconectar del ajetreo diario y encontrar un espacio de calma y relajación. Aprovecha la tecnología como una aliada en tu búsqueda del equilibrio emocional y la salud mental, lo que te permitirá enfrentar tus desafíos con mayor claridad y determinación en tu camino hacia el éxito.

En el competitivo mundo del emprendimiento y los negocios, la tecnología se convierte en tu aliado estratégico para impulsar el éxito de tu marca. Las plataformas de marketing digital, como Mailchimp, Hootsuite o Canva, despliegan su magia para que puedas conectarte de manera efectiva con tu audiencia y llevar tu mensaje a nuevos horizontes.

Imagina tener acceso a herramientas sofisticadas que te permitan gestionar campañas de email marketing de manera intuitiva y potente. Con Mailchimp, podrás crear boletines informativos y secuencias automatizadas que cautiven a tus suscriptores y fomenten relaciones sólidas con tu base de clientes.

Pero eso no es todo, con Hootsuite, podrás conquistar las redes sociales y mantener una presencia activa sin importar la hora o la ubicación. Programa publicaciones, monitorea conversaciones y analiza el rendimiento de tus estrategias, todo desde una plataforma centralizada que te ofrece una visión completa de tu presencia en línea.

Además, potencia tu creatividad con Canva, la herramienta de diseño gráfico que desbloquea tu capacidad para crear contenido visualmente atractivo y profesional. Desde gráficos para redes sociales hasta presentaciones impresionantes, tus ideas cobrarán vida con facilidad y sin necesidad de ser un experto en diseño.

Estas plataformas te brindan poderosas capacidades de análisis y métricas, permitiéndote medir el impacto de tus estrategias y optimizar tus campañas en tiempo real. Saber qué funciona y qué necesita ajustes es clave para mantener una ventaja competitiva y adaptarse a las demandas cambiantes del mercado.

Las plataformas de marketing digital son la brújula que guiará tu negocio hacia el éxito en la era digital. Aprovecha la tecnología para establecer conexiones sólidas con tu audiencia, maximizar tu presencia en línea y destacar entre la multitud con contenido visualmente cautivador. Con estas herramientas, estarás listo para triunfar en el mundo empresarial y convertir tus aspiraciones emprendedoras en una realidad próspera.

En el ritmo de la vida moderna, mantener un estilo de vida saludable se ha vuelto más crucial que nunca para alcanzar el éxito a largo plazo en todas las facetas de nuestra existencia. En este desafío, las aplicaciones de salud y actividad física, como MyFitnessPal y Fitbit, se presentan como tus compañeros virtuales para alcanzar un bienestar óptimo.

Estas innovadoras aplicaciones te ofrecen un completo arsenal de herramientas para cuidar tu salud. Desde el monitoreo de tu actividad física hasta el registro detallado de tu alimentación, estas plataformas te ayudan a obtener una visión clara y detallada de tu estado de salud y bienestar.

Con MyFitnessPal, podrás registrar cada bocado que ingresas y analizar el valor nutricional de tus comidas. Esta función te permite identificar patrones alimenticios y tomar decisiones más informadas sobre tus hábitos alimenticios, lo que te acerca a tus objetivos de salud y rendimiento físico.

Pero eso no es todo, Fitbit se convierte en tu coach personal de fitness. Al usar este dispositivo portátil, podrás monitorizar tus pasos, el ritmo cardíaco, la calidad del sueño y mucho más. Con datos precisos sobre tu actividad física y descanso, podrás establecer objetivos de salud personalizados y medir tu progreso en tiempo real.

La integración de la tecnología en tu rutina diaria se traduce en una motivación continua para mantener un estilo de vida activo y saludable. Las notificaciones y recordatorios de estas aplicaciones te mantienen enfocado en tus metas, proporcionándote un estímulo constante para mantener hábitos saludables.

Además, estas aplicaciones fomentan la comunidad y la competencia amistosa. Puedes conectar con amigos o familiares, compartir tus logros y desafiarlos a alcanzar objetivos similares. Esta interacción social te brinda apoyo, inspiración y una sensación de pertenencia a una comunidad que valora el bienestar y la salud.

Por lo que, las aplicaciones de salud y actividad física se convierten en tus aliadas infalibles para optimizar tu bienestar general. Monitorizar tus hábitos alimenticios y actividad física te permite tomar decisiones más conscientes sobre tu salud y rendimiento. Integrar la tecnología en tu rutina diaria te motiva a mantenerte activo y establecer objetivos personalizados. Con estas aplicaciones, estarás un paso más cerca de alcanzar una vida saludable y equilibrada, que será la base para alcanzar el éxito en todas tus aspiraciones y metas a largo plazo.

En resumen, el camino hacia el éxito financiero implica aprovechar al máximo la tecnología disponible. Desde la planificación financiera hasta la inversión inteligente, la mejora profesional y el bienestar general, estas herramientas tecnológicas se unen para potenciar tu crecimiento económico y personal.

¡Así que!

Para mejorar tu vida financiera de manera integral, es esencial aprovechar las herramientas tecnológicas disponibles en el mercado actual. Comienza con una sólida planificación financiera utilizando aplicaciones de seguimiento. Estas plataformas te brindarán una visión clara de tus ingresos y gastos, permitiéndote establecer un presupuesto personalizado y objetivos financieros concretos. Con esta base establecida, estás listo para dar el siguiente paso hacia el crecimiento económico.

Una estrategia efectiva para aumentar tus ingresos y construir un patrimonio es la inversión inteligente. Plataformas de inversión en línea son perfectas para comenzar tu viaje en el mundo de las inversiones. Con opciones de bajo costo o incluso comisiones nulas, estas plataformas te permiten invertir en acciones, criptomonedas y otros activos. Aprovecha las herramientas de análisis y noticias financieras para tomar decisiones informadas y sigue a inversores experimentados para aprender de sus estrategias y consejos.

Como parte de tu búsqueda hacia el éxito financiero, es fundamental invertir en tu desarrollo profesional. Accede a plataformas de aprendizaje en línea para adquirir nuevas habilidades y conocimientos relevantes para tu carrera o emprendimiento. La mejora constante de tus capacidades puede abrir puertas hacia mejores oportunidades laborales o un mayor éxito en tu negocio.

Para optimizar tu tiempo y mantener una gestión eficiente de tus proyectos y responsabilidades, las aplicaciones de productividad se convierten en tus aliadas ideales. Organiza tus tareas, establece plazos y colabora con equipos en tiempo real. Estas herramientas te ayudarán a mantener el enfoque y evitar que nada se quede en el olvido, optimizando así tu productividad y eficiencia.

El éxito financiero también está vinculado a tu bienestar general. Utiliza aplicaciones de meditación y bienestar para reducir el estrés y mantener una mente equilibrada. Además, aplicaciones de salud y actividad física te ayudarán a adoptar un estilo de vida saludable. El cuidado de tu salud no solo te permitirá ahorrar costos médicos a largo plazo, sino que también mejorar tu bienestar general, lo que influye positivamente en tu rendimiento y en la toma de decisiones financieras.

Para aquellos con un enfoque en el emprendimiento, las plataformas de marketing digital serán esenciales para alcanzar y conectar con tu audiencia de manera efectiva. Estas herramientas te permitirán diseñar campañas de marketing atractivas, programar publicaciones en redes sociales y aumentar tu presencia en línea.

Recuerda que el aprendizaje financiero es una búsqueda continua. Mantén un espíritu de curiosidad y busca constantemente nuevas oportunidades de educación. A través de las redes sociales y plataformas profesionales, puedes conectar con otros profesionales y emprendedores, lo que te proporcionará valiosas oportunidades de colaboración y crecimiento.

(IA)

La inteligencia artificial (IA) está destinada a revolucionar las finanzas personales de una manera significativa, transformando la forma en que las personas gestionan y toman decisiones sobre sus recursos económicos. A continuación, te explico cómo la IA impactará esta área:

El asesoramiento financiero personalizado impulsado por la inteligencia artificial es una de las principales áreas de innovación en el campo de las finanzas personales. La IA está transformando la manera en que las personas reciben orientación y ayuda en sus decisiones financieras, al proporcionar recomendaciones altamente adaptadas a su situación única.

En el pasado, el asesoramiento financiero solía ser costoso y limitado a un grupo selecto de personas con alto poder adquisitivo. Sin embargo, con la llegada de la IA, esto está cambiando radicalmente. Ahora, gracias a algoritmos inteligentes y análisis avanzados de datos, es posible ofrecer asesoramiento financiero personalizado a una audiencia mucho más amplia y diversa.

Los algoritmos de IA pueden procesar una gran cantidad de información, incluyendo datos financieros, hábitos de gasto, metas financieras, ingresos y deudas, entre otros. Con base en estos datos, la IA puede generar un perfil financiero detallado de cada individuo y comprender sus necesidades y objetivos específicos.

Esta capacidad de análisis permite a la IA ofrecer recomendaciones precisas y adecuadas para cada situación. Por ejemplo, si una persona desea ahorrar para un fondo de emergencia, la IA puede sugerir un plan de ahorro óptimo basado en su ingreso y gasto actual, identificando áreas de oportunidad para reducir gastos y asignar una cantidad adecuada para el fondo.

Asimismo, la IA puede asesorar sobre estrategias de inversión personalizadas. Si un individuo tiene un perfil de inversionista conservador, la IA puede recomendar carteras de inversión más seguras y estables. Por otro lado, si alguien tiene un perfil de riesgo más agresivo, la IA puede sugerir inversiones más volátiles, pero con potencial de mayores rendimientos.

Además, la IA puede ayudar a los usuarios a identificar y abordar aspectos específicos de sus finanzas personales que necesiten mejorar. Por ejemplo, si alguien está lidiando con altos niveles de deuda, la IA puede sugerir estrategias para reducir deudas y optimizar la gestión financiera.

Una de las grandes ventajas del asesoramiento financiero basado en IA es que está disponible en tiempo real y sin sesgos emocionales. Los algoritmos no se ven influenciados por emociones o prejuicios, lo que garantiza que las recomendaciones se basen puramente en datos y análisis objetivos.

En general, el asesoramiento financiero personalizado impulsado por la inteligencia artificial representa una revolución en el mundo de las finanzas personales. Con algoritmos inteligentes que analizan datos financieros y patrones de gasto, la IA puede ofrecer recomendaciones y estrategias precisas y adaptadas a las necesidades y objetivos de cada individuo. Esta tecnología está democratizando el acceso al asesoramiento financiero y empoderando a las personas para tomar decisiones informadas y alcanzar sus metas financieras de manera más efectiva.

El análisis de riesgo y las predicciones del mercado son áreas cruciales en las finanzas y la inversión, y la inteligencia artificial está llevando estas capacidades a un nivel completamente nuevo. Con el poder de procesar grandes cantidades de datos y la capacidad de aprender patrones complejos, la IA se ha convertido en una herramienta valiosa para evaluar riesgos y anticipar movimientos del mercado.

Una de las ventajas más destacadas de la IA en el análisis de riesgo es su habilidad para considerar múltiples variables y factores simultáneamente. Los algoritmos inteligentes pueden analizar datos históricos, tendencias económicas, noticias financieras, cambios políticos y otros eventos relevantes en tiempo real. Esto permite una visión más completa y precisa de la situación actual y futura de los mercados.

La IA también es capaz de identificar patrones y correlaciones que los humanos podrían pasar por alto. A través del aprendizaje automático, los algoritmos pueden reconocer relaciones entre variables y utilizar esta información para predecir comportamientos futuros del mercado.

En el ámbito de la inversión, la IA se ha convertido en una herramienta valiosa para los gestores de activos y traders. Estos profesionales pueden utilizar la IA para analizar carteras de inversión, identificar activos con alto potencial de rendimiento y evaluar el riesgo asociado. La IA puede proporcionar análisis detallados y perspectivas informadas, lo que ayuda a tomar decisiones de inversión más fundamentadas y mitigar riesgos.

Además, la IA también puede ayudar a los inversores a reducir la incertidumbre en sus decisiones financieras. Al tener acceso a predicciones más precisas sobre el comportamiento del mercado, los inversores pueden tomar decisiones más informadas sobre cuándo comprar, vender o mantener activos.

Cabe destacar que aunque la IA puede proporcionar información valiosa para la toma de decisiones financieras, no puede predecir el futuro con certeza absoluta. Los mercados financieros son complejos y están sujetos a diversas influencias, lo que puede llevar a resultados inesperados. Sin embargo, la IA puede mejorar significativamente la capacidad de los inversores para evaluar y gestionar riesgos de manera más efectiva.

Concretamente, la inteligencia artificial está revolucionando el análisis de riesgo y las predicciones del mercado en las finanzas. Al utilizar grandes cantidades de datos y algoritmos avanzados, la IA puede proporcionar análisis más profundos y precisos, ayudando a los individuos a tomar decisiones informadas y reducir incertidumbres en sus decisiones financieras e inversiones. Esta tecnología se ha convertido en una herramienta valiosa para inversores y profesionales financieros, proporcionando una ventaja estratégica en un mundo cada vez más complejo y competitivo.

La detección de fraudes y la seguridad mejorada son áreas fundamentales en el ámbito financiero, ya que proteger los activos y cuentas de las personas es de suma importancia. La inteligencia artificial (IA) ha demostrado ser una herramienta poderosa en esta área, permitiendo identificar y prevenir actividades fraudulentas con mayor eficiencia y precisión.

La IA puede analizar grandes volúmenes de datos en tiempo real, incluyendo transacciones financieras, patrones de gasto, comportamientos del usuario y otras variables relevantes. Al utilizar algoritmos avanzados y técnicas de aprendizaje automático, la IA puede identificar patrones sospechosos y anomalías que podrían pasar desapercibidos para los sistemas tradicionales de detección de fraudes.

Uno de los principales beneficios de la IA en la detección de fraudes es su capacidad para adaptarse y aprender de nuevas formas de fraude a medida que evolucionan las tácticas de los delincuentes. A través del aprendizaje automático, la IA puede mejorar continuamente sus modelos de detección, lo que garantiza una mayor precisión y eficiencia en la identificación de actividades fraudulentas.

La IA también puede reducir los falsos positivos, es decir, evitar que transacciones legítimas sean identificadas erróneamente como fraudulentas. Al analizar los patrones y comportamientos típicos de cada individuo, la IA puede distinguir entre transacciones normales y aquellas que son realmente sospechosas.

Además, la IA puede detectar fraudes en tiempo real, lo que permite una respuesta más rápida y efectiva ante situaciones de riesgo. Esto es especialmente valioso para transacciones en línea o en tiempo real, donde la velocidad de detección es crucial para evitar pérdidas financieras significativas.

En el ámbito de la seguridad informática, la IA también puede ser utilizada para proteger las cuentas y datos financieros de las personas contra ataques cibernéticos. Mediante el análisis de comportamientos y actividades sospechosas, la IA puede identificar intentos de intrusión o acceso no autorizado y bloquearlos antes de que causen daño.

La adopción de la IA en la detección de fraudes y la seguridad financiera es especialmente relevante en un mundo cada vez más digitalizado. A medida que aumenta el volumen y la complejidad de las transacciones financieras en línea, contar con herramientas avanzadas como la IA se vuelve esencial para proteger los activos y la información personal de las personas.

La IA es una poderosa herramienta en la detección de fraudes y la seguridad financiera. Al analizar grandes volúmenes de datos y patrones sospechosos en tiempo real, la IA puede identificar actividades fraudulentas con mayor eficiencia y precisión. Además, su capacidad para adaptarse y aprender de nuevas formas de fraude la convierte en una valiosa aliada para proteger las cuentas y datos financieros de las personas en un entorno digital cada vez más complejo.

La automatización de tareas financieras mediante inteligencia artificial (IA) es una evolución significativa en la gestión financiera personal y empresarial. La IA está transformando la forma en que se manejan diversas operaciones financieras, liberando tiempo y recursos valiosos para que las personas puedan centrarse en aspectos estratégicos y el crecimiento a largo plazo.

Una de las áreas donde la IA ha demostrado su capacidad para automatizar tareas es en la gestión de inversiones. Los algoritmos de IA pueden analizar datos de mercado en tiempo real y tomar decisiones de inversión basadas en parámetros predefinidos por el inversor. Esta automatización permite ejecutar operaciones de compra y venta sin intervención humana, lo que resulta en una mayor agilidad y rapidez para aprovechar oportunidades y evitar riesgos, sin embargo, hay que tener en cuenta variables diversas que todavía no puede analizar o reconocer la IA, lo cual debe un factor para disminuir el riesgo a la hora de tomar decisiones.

Otro aspecto importante es la planificación de impuestos. La IA puede analizar la situación financiera de una persona o empresa, considerar las normativas fiscales vigentes y recomendar estrategias fiscales óptimas. Esto incluye la identificación de deducciones y créditos fiscales, así como el cálculo preciso de impuestos a pagar. La automatización de esta tarea no solo ahorra tiempo, sino que también puede mejorar la precisión y ayudar a evitar errores que puedan resultar en sanciones.

El análisis de gastos es otra tarea financiera que puede beneficiarse de la automatización mediante IA. Al conectar cuentas bancarias y tarjetas de crédito, la IA puede categorizar automáticamente los gastos y generar informes detallados de cómo se está utilizando el dinero. Esto proporciona una visión clara de los hábitos de gasto y permite a las personas tomar decisiones informadas sobre cómo optimizar su presupuesto y ahorrar más eficientemente.

Además de la gestión de inversiones, la planificación de impuestos y el análisis de gastos, la automatización de tareas financieras también se extiende a otros campos, como la facturación, la gestión de nóminas y el control de inventario para las empresas. Esto ayuda a reducir la carga administrativa y permite que los equipos se concentren en actividades más estratégicas y de mayor valor agregado.

Es importante tener en cuenta que, aunque la IA puede automatizar muchas tareas financieras, la intervención humana sigue siendo necesaria para establecer objetivos financieros, tomar decisiones estratégicas y adaptarse a situaciones inesperadas. La IA actúa como una herramienta poderosa para mejorar la eficiencia y la precisión, pero aún requiere la supervisión y el juicio humano para garantizar resultados óptimos.

Lo que nos da a entender que la automatización de tareas financieras mediante la IA representa una gran oportunidad para mejorar la eficiencia y la toma de decisiones en el ámbito financiero. Al liberar tiempo y recursos, permite que las personas se enfoquen en decisiones estratégicas y el desarrollo de estrategias financieras a largo plazo. La IA está impulsando una transformación positiva en la gestión financiera, tanto a nivel personal como empresarial, y brinda nuevas oportunidades para optimizar el uso de recursos y mejorar el rendimiento financiero en general.

La mejora en la gestión del presupuesto es uno de los aspectos más destacados de la inteligencia artificial (IA) en el ámbito de las finanzas personales. Las aplicaciones y plataformas impulsadas por IA han demostrado ser herramientas valiosas para ayudar a las personas a optimizar su manejo del dinero, establecer metas financieras y tomar decisiones informadas sobre sus gastos.

Una de las principales ventajas de las aplicaciones de IA en la gestión del presupuesto es su capacidad para analizar los hábitos de gasto de una persona de manera detallada y precisa. Estas aplicaciones pueden vincularse a cuentas bancarias y tarjetas de crédito, lo que les permite acceder a datos en tiempo real sobre los gastos del usuario. Con base en esta información, la IA puede categorizar automáticamente los gastos y proporcionar una visión clara y estructurada de cómo se distribuye el dinero.

Al analizar los patrones de gasto, la IA puede identificar áreas de oportunidad para ahorrar y sugerir estrategias para mejorar la gestión del presupuesto. Por ejemplo, si se detecta un gasto excesivo en una determinada categoría, la aplicación podría sugerir reducir esos gastos o encontrar alternativas más económicas.

Además, la IA puede proporcionar recordatorios para pagos, evitando así cargos por pagos atrasados y ayudando a mantener un historial crediticio saludable. Las aplicaciones pueden enviar notificaciones automáticas antes de las fechas de vencimiento de facturas y pagos, asegurándose de que los usuarios estén al tanto de sus obligaciones financieras.

La fijación de metas financieras es otro aspecto en el que la IA puede ser de gran ayuda. Al establecer metas claras, como ahorrar para un viaje, un fondo de emergencia o una inversión específica, la IA puede ofrecer estrategias para alcanzar esas metas. Las aplicaciones pueden calcular cuánto dinero se debe ahorrar regularmente para alcanzar el objetivo en un período determinado y proporcionar una estimación realista sobre el tiempo necesario para lograrlo.

Además, algunas aplicaciones de IA también pueden ofrecer sugerencias personalizadas sobre cómo mejorar la salud financiera en general. Esto puede incluir consejos sobre cómo reducir deudas, mejorar la gestión de ingresos y gastos, y optimizar la asignación de recursos.

Es importante destacar que la IA en la gestión del presupuesto no reemplaza la toma de decisiones humana. En cambio, actúa como una herramienta poderosa para informar y apoyar las decisiones financieras. Los usuarios aún tienen el control y pueden ajustar las recomendaciones según sus preferencias y objetivos personales.

En resumen, las aplicaciones y plataformas de IA están mejorando significativamente la gestión del presupuesto personal al analizar hábitos de gasto, ofrecer sugerencias para optimizar el manejo del dinero y proporcionar estrategias para alcanzar metas financieras. Con recordatorios para pagos, identificación de áreas de ahorro y recomendaciones personalizadas, la IA se ha convertido en una valiosa aliada para ayudar a las personas a tener un mejor control de sus finanzas y trabajar hacia un futuro financiero más sólido.

Por último, encontramos la inclusión financiera, que es un concepto clave en el desarrollo económico y social de una sociedad, valga la redundancia. Se refiere a la capacidad de brindar acceso y oportunidades financieras a todos los individuos, independientemente de su nivel de ingresos, ubicación geográfica, género o cualquier otra característica demográfica. La inteligencia artificial (IA) juega un papel fundamental en la expansión de la inclusión financiera, ya que ofrece soluciones innovadoras para abordar las barreras tradicionales que han excluido a ciertos segmentos de la población del sistema financiero.

Uno de los principales desafíos en la inclusión financiera ha sido la falta de acceso a servicios bancarios tradicionales en áreas rurales o comunidades desfavorecidas. La IA ofrece alternativas a estos servicios mediante el uso de tecnologías móviles y digitales. Por ejemplo, las aplicaciones de pago móvil impulsadas por IA permiten a las personas realizar transacciones y transferencias de dinero sin la necesidad de una cuenta bancaria tradicional. Esto es especialmente relevante en regiones donde las sucursales bancarias son escasas o inexistentes.

Además, la IA puede facilitar la evaluación del riesgo crediticio de individuos que carecen de historial crediticio o colateral tradicional. Al analizar datos alternativos, como el historial de pagos de servicios públicos, el comportamiento de compra y otros datos no financieros, la IA puede construir perfiles crediticios para personas que no calificarían mediante métodos tradicionales. Esto abre nuevas oportunidades para que más personas accedan a préstamos y servicios de crédito.

La personalización es otro aspecto clave en la inclusión financiera. La IA puede ofrecer soluciones financieras altamente personalizadas, adaptadas a las necesidades y objetivos específicos de cada individuo. Esto es especialmente beneficioso para aquellos que han sido excluidos de los servicios financieros tradicionales debido a la falta de productos adecuados para sus circunstancias. La IA puede analizar datos y preferencias del cliente para ofrecer productos y servicios financieros que se ajusten a sus necesidades únicas.

Además, la IA también puede mejorar la educación financiera al proporcionar herramientas interactivas y educativas. Estas soluciones pueden ayudar a las personas a comprender conceptos financieros básicos, como ahorro, inversión y presupuesto, lo que les permitirá tomar decisiones financieras más informadas y responsables.

Es importante destacar que, aunque la IA puede ser una poderosa herramienta para la inclusión financiera, también enfrenta desafíos, como la protección de datos y la equidad en el acceso. Es fundamental garantizar que las soluciones de IA sean transparentes y éticas, y que se implementen medidas para proteger la privacidad y seguridad de los usuarios.

En resumen, la inteligencia artificial tiene el potencial de extender la inclusión financiera al ofrecer alternativas a los servicios bancarios tradicionales y proporcionar soluciones financieras asequibles y personalizadas. Mediante el uso de tecnologías móviles y digitales, análisis de datos alternativos y personalización de servicios, la IA está derribando barreras y brindando oportunidades financieras a segmentos de la población que tradicionalmente han tenido dificultades para acceder a servicios financieros. Esto contribuye a una sociedad más justa y próspera, donde todos los individuos pueden participar plenamente en el sistema financiero y beneficiarse de las oportunidades económicas.

Capítulo 11: El Poder de la Atracción

El poder de la atracción es un tema que ha ganado cada vez más importancia y relevancia en el ámbito de las finanzas personales y en la búsqueda del éxito financiero. Si bien durante mucho tiempo se ha prestado atención a las estrategias tradicionales de gestión financiera, el poder de la atracción ha emergido como un enfoque complementario que destaca el papel fundamental que juegan nuestros pensamientos y emociones en nuestra realidad financiera.

La creencia en el poder de la atracción se basa en una premisa poderosa y transformadora: nuestros pensamientos y emociones son energía, y esa energía tiene la capacidad de influir en las circunstancias y oportunidades que atraemos a nuestras vidas. Al adoptar una mentalidad positiva y enfocada en la abundancia, podemos enviar señales al universo que nos permiten atraer experiencias financieras más prósperas y oportunidades de crecimiento económico.

Cuando consideramos la relevancia del poder de la atracción en nuestras finanzas personales, es esencial reconocer que nuestras creencias y actitudes hacia el dinero pueden tener un impacto significativo en nuestras decisiones financieras y en la forma en que manejamos nuestros recursos económicos. Si constantemente nos preocupamos y tememos por nuestra situación financiera, es probable que tomemos decisiones desde un lugar de escasez y miedo, lo que puede limitar nuestras posibilidades de crecimiento y prosperidad.

Por otro lado, al cultivar una mentalidad positiva y abundante en relación al dinero, podemos desarrollar una mayor confianza en nuestras habilidades financieras y en la capacidad de atraer oportunidades que nos permitan alcanzar nuestras metas económicas. La gratitud y el aprecio por lo que ya tenemos en nuestras vidas financieras también juegan un papel importante, ya que esta actitud de gratitud nos abre a recibir más y nos ayuda a reconocer y aprovechar las bendiciones financieras que ya existen en nuestras vidas.

La importancia del poder de la atracción radica en su capacidad para transformar nuestra relación con el dinero y nuestras percepciones sobre la abundancia. Al enfocarnos en lo positivo y en las posibilidades, nos volvemos más receptivos a las oportunidades financieras que se presentan y estamos más dispuestos a tomar acciones audaces y valientes que nos acerquen a nuestros objetivos financieros.

Es importante señalar que el poder de la atracción no implica ignorar los desafíos financieros o dejar de lado las estrategias sólidas de gestión financiera. Más bien, es un enfoque complementario que puede fortalecer nuestra determinación y perseverancia en la búsqueda de la libertad financiera.

La teoría detrás del poder de la atracción sostiene que si nos enfocamos en pensamientos y sentimientos positivos sobre el dinero y la riqueza, atraeremos más oportunidades financieras y abundancia a nuestras vidas. Por otro lado, si tenemos creencias negativas o limitantes sobre el dinero, es probable que experimentemos dificultades financieras y escasez.

Este enfoque se basa en la premisa de que nuestros pensamientos y emociones emiten una energía que interactúa con el universo y atrae experiencias y situaciones que están alineadas con nuestra vibración energética. Por lo tanto, si estamos constantemente preocupados o ansiosos por el dinero, es posible que atraigamos más situaciones que generen estrés financiero.

Para aplicar el poder de la atracción a nuestras finanzas personales, es fundamental cultivar una mentalidad positiva y abundante en relación al dinero. Aquí hay algunas estrategias para hacerlo:

Visualización

La visualización es una poderosa herramienta que puede transformar la forma en que te relacionas con tus metas financieras y te acerca más a la realización de tus sueños económicos. Esta práctica se basa en el principio de que nuestra mente y emociones son capaces de influir en nuestra realidad, y que podemos utilizar nuestra imaginación para atraer positivamente lo que deseamos en nuestras vidas.

Cuando te tomas el tiempo para visualizar tus metas financieras como si ya se hubieran cumplido, estás creando una experiencia vívida y emocionante en tu mente. Cierras los ojos y te sumerges en el escenario futuro donde ya has alcanzado el éxito financiero que anhelas. Puedes imaginarte viviendo en la casa de tus sueños, conduciendo el coche que siempre quisiste, viajando a destinos exóticos o disfrutando de una vida sin preocupaciones económicas.

Es fundamental que, durante la visualización, sientas la emoción y la gratitud por haber alcanzado tus objetivos financieros. Siente la alegría, la felicidad y el alivio que te embargan al lograr tus metas financieras. La emoción que sientes durante esta práctica es importante, ya que es esa energía positiva la que envía señales al universo sobre lo que deseas atraer a tu vida.

Al visualizar tus metas financieras de esta manera, estás programando tu mente subconsciente con imágenes y emociones positivas relacionadas con el éxito económico. Tu mente subconsciente no distingue entre lo que es real y lo que es imaginado, por lo que al visualizar tus metas financieras cumplidas, estás reforzando la creencia de que es posible alcanzarlas.

La visualización también te ayuda a mantener el enfoque en tus objetivos financieros y a mantener una actitud positiva y confiada hacia ellos. Cuando te sientes emocionado y agradecido por tus metas financieras cumplidas, estás generando una sensación de certeza y confianza en que esas metas son alcanzables y que mereces el éxito financiero.

Es importante recordar que la visualización por sí sola no es suficiente para lograr tus metas financieras. Es una herramienta poderosa, pero también requiere acción y esfuerzo de tu parte. La visualización te motiva y te prepara para tomar las decisiones y acciones necesarias para alcanzar tus objetivos financieros.

Afirmaciones Positivas

Las afirmaciones positivas son una poderosa herramienta de autoafirmación que nos ayuda a reprogramar nuestras creencias y pensamientos sobre el dinero y la prosperidad. Al repetir frases positivas relacionadas con el dinero de manera regular, podemos cambiar nuestra percepción y actitud hacia las finanzas, lo que a su vez puede tener un impacto significativo en nuestras experiencias financieras.

La clave para que las afirmaciones positivas sean efectivas es la repetición constante y la sinceridad con la que las decimos. Al repetir estas frases de manera regular, estamos creando nuevas conexiones neuronales en nuestro cerebro que refuerzan una mentalidad de abundancia y éxito financiero.

Para utilizar las afirmaciones positivas de manera efectiva, es importante ser específico y claro sobre lo que deseas atraer a tu vida financiera. Formula tus afirmaciones en tiempo presente, como si ya estuvieras experimentando el resultado deseado. Por ejemplo, en lugar de decir "Quiero ser rico", puedes decir "Soy digno de recibir abundancia y prosperidad en mi vida".

Al repetir tus afirmaciones, concéntrate en sentir la emoción y la gratitud por lo que estás afirmando. Imagina cómo te sentirías si ya hubieras logrado lo que deseas y conecta con esa emoción. Esto ayuda a crear una mayor conexión entre tus pensamientos y emociones con el resultado deseado.

Establece un horario diario para repetir tus afirmaciones. Puedes hacerlo en la mañana al despertar, antes de dormir, o incluso varias veces a lo largo del día. Cuanto más consistente seas con la repetición, más efectivas serán las afirmaciones.

Durante este proceso, presta atención a los pensamientos negativos o creencias limitantes que puedan surgir. Si detectas pensamientos negativos, cámbialos inmediatamente por la afirmación positiva correspondiente. La repetición constante y consistente de afirmaciones positivas te ayudará a liberarte de creencias limitantes sobre el dinero y a fortalecer una mentalidad de abundancia y prosperidad.

El poder de las afirmaciones radica en su impacto gradual y continuo en nuestra mente subconsciente. A medida que continúes practicándolas, verás cómo tu mentalidad financiera se transforma y cómo te sientes más empoderado y confiado en tus habilidades para atraer la abundancia y el éxito financiero que deseas.

Recuerda que mereces la abundancia y la prosperidad, y que las afirmaciones positivas pueden ayudarte a manifestar estos deseos en tu realidad financiera. Con el tiempo y la práctica constante, verás cómo estas afirmaciones te ayudan a crear una mentalidad más positiva y próspera en relación con el dinero, y cómo te abren a nuevas oportunidades y posibilidades financieras en tu vida. ¡Así que comienza hoy mismo a utilizar afirmaciones positivas para transformar tu realidad financiera y atraer la abundancia que deseas!

Gratitud

La gratitud es una poderosa herramienta que puede tener un impacto significativo en nuestras finanzas y en nuestra vida en general. Practicar la gratitud implica reconocer y apreciar las bendiciones financieras que ya existen en nuestra vida, incluso si son pequeñas. Agradecer por lo que tenemos nos ayuda a enfocarnos en lo positivo y a alejarnos de la mentalidad de escasez o insatisfacción.

Cuando practicamos la gratitud en nuestras finanzas, nos damos cuenta de todas las cosas buenas que ya tenemos, como un techo sobre nuestra cabeza, comida en la mesa, un trabajo que nos proporciona ingresos y la capacidad de cubrir nuestras necesidades básicas. Apreciar estas bendiciones nos permite sentirnos más satisfechos y felices con nuestra situación financiera actual.

La gratitud también nos ayuda a mantener una perspectiva positiva y optimista hacia el futuro. En lugar de enfocarnos en lo que nos falta o en lo que deseamos tener, nos concentramos en lo que ya tenemos y en cómo podemos aprovechar esas bendiciones para alcanzar nuestros objetivos financieros.

Además, practicar la gratitud nos permite reconocer y valorar las oportunidades financieras que se nos presentan. Cuando estamos agradecidos, estamos más atentos a las posibilidades que pueden surgir y somos más propensos a aprovecharlas para mejorar nuestra situación económica.

La gratitud también crea un estado mental de apertura y receptividad hacia la abundancia. Cuando estamos agradecidos por lo que tenemos, estamos enviando una señal al universo de que estamos listos para recibir más bendiciones financieras en nuestras vidas.

Es importante destacar que practicar la gratitud no significa conformarse con la situación financiera actual. En lugar de ello, nos impulsa a esforzarnos por mejorar y crecer en nuestras finanzas, pero desde un lugar de aprecio y reconocimiento por lo que ya hemos logrado.

En resumen, la gratitud es una herramienta poderosa que nos ayuda a mantener una perspectiva positiva hacia nuestras finanzas y atraer más bendiciones financieras a nuestras vidas. Agradecer por las pequeñas y grandes cosas que ya tenemos nos permite sentirnos más satisfechos y felices con nuestra situación financiera actual, al tiempo que nos motiva a seguir creciendo y mejorando en nuestras finanzas. Así que, comienza a practicar la gratitud en tus finanzas y verás cómo este simple hábito puede marcar una gran diferencia en tu bienestar financiero y en tu capacidad para alcanzar tus metas económicas.

Actitud Positiva

Cultivar una actitud positiva hacia el dinero y las inversiones es esencial para lograr una salud financiera sólida y alcanzar tus metas económicas. Una actitud positiva te permitirá ver el dinero como una herramienta poderosa y abundante que puede abrirte puertas y brindarte oportunidades para alcanzar la libertad financiera.

En lugar de percibir el dinero como un recurso escaso y difícil de obtener, es importante reconocer que el dinero fluye constantemente en el mundo y que existen numerosas oportunidades para generarlo y hacerlo crecer. Al adoptar esta perspectiva, te sentirás más empoderado para tomar decisiones financieras informadas y audaces, y estarás abierto a explorar diferentes formas de invertir y hacer crecer tus recursos.

Una actitud positiva hacia el dinero también implica dejar atrás creencias limitantes o negativas que puedas tener sobre la riqueza y la prosperidad. Es común que algunas personas hayan crecido con la idea de que el dinero es algo malo o que solo los demás pueden tener éxito financiero. Sin embargo, es fundamental desafiar esas creencias y adoptar una mentalidad más positiva y constructiva hacia el dinero.

Al cultivar una actitud positiva hacia el dinero, también estarás más dispuesto a aprender sobre finanzas e inversiones. En lugar de evitar temas financieros por miedo o desinterés, te sentirás motivado a educarte y adquirir conocimientos sobre cómo administrar tus finanzas de manera efectiva y cómo tomar decisiones inteligentes en el ámbito de las inversiones.

Una actitud positiva hacia el dinero también te ayudará a enfrentar situaciones financieras desafiantes con más resiliencia y determinación. En lugar de ver los obstáculos como barreras insuperables, los verás como oportunidades para aprender y crecer en tus habilidades financieras.

Además, una actitud positiva hacia el dinero te permitirá disfrutar del proceso de alcanzar tus metas financieras. En lugar de estar constantemente preocupado por el dinero y enfocado solo en el resultado final, apreciarás cada paso del camino y celebrarás los logros alcanzados a lo largo del camino.

Enfocarse en las Soluciones

Enfocarse en soluciones es una mentalidad poderosa que puede marcar una gran diferencia en tu bienestar financiero. En lugar de quedarte atrapado en los problemas financieros o preocuparte constantemente por las dificultades económicas, esta perspectiva te invita a buscar activamente soluciones creativas y oportunidades para mejorar tu situación financiera.

Cuando te enfocas en soluciones, estás entrenando tu mente para ver los desafíos como obstáculos superables en lugar de barreras infranqueables. En lugar de ver los problemas financieros como algo que te limita, los percibes como oportunidades para crecer y aprender en tus habilidades financieras.

Una forma de practicar el enfoque en soluciones es hacer un inventario de tus habilidades y conocimientos financieros. Identifica las áreas donde te sientes seguro y competente, y utilízalas como base para resolver los problemas financieros que puedan surgir. Si sientes que hay áreas en las que necesitas más conocimiento, no dudes en buscar recursos de educación financiera o consultar con expertos en el tema.

Además, el enfoque en soluciones te permite ser más creativo en la búsqueda de oportunidades para mejorar tu situación económica. En lugar de quedarte estancado en una sola forma de generar ingresos o invertir tu dinero, abre tu mente a nuevas posibilidades y considera diferentes enfoques financieros que puedan funcionar para ti.

Otra forma de enfoque en soluciones es buscar asesoramiento financiero. Consultar con un asesor financiero experimentado te brinda la oportunidad de obtener una perspectiva externa y recibir recomendaciones personalizadas para mejorar tus finanzas. Un asesor puede ayudarte a identificar áreas de mejora, diseñar un plan financiero sólido y aprovechar oportunidades de inversión que puedan alinearse con tus metas.

Además, practicar la gratitud y reconocer las bendiciones financieras que ya tienes en tu vida es parte del enfoque en soluciones. Al apreciar lo que tienes, creas una base positiva y fortaleces tu capacidad para enfrentar desafíos financieros con una actitud constructiva.

El enfoque en soluciones es una mentalidad que te permite superar los problemas financieros y enfocarte en oportunidades para mejorar tu situación económica. Al ver los desafíos como oportunidades para crecer y aprender, te vuelves más resiliente y creativo en la búsqueda de soluciones financieras. Practicar la gratitud y buscar asesoramiento financiero también son parte de este enfoque en soluciones. Así que, comienza a enfocarte en soluciones en lugar de problemas y descubre cómo esta mentalidad puede transformar positivamente tus finanzas y acercarte más a tus metas económicas.

En General

Cultivar una actitud positiva hacia el dinero es una clave fundamental para alcanzar el éxito financiero y la libertad económica. Al ver el dinero como una herramienta poderosa y abundante, estarás más dispuesto a tomar decisiones financieras informadas y a explorar oportunidades de inversión. Además, una actitud positiva te permitirá enfrentar los desafíos financieros con resiliencia y determinación, y disfrutar del proceso de alcanzar tus metas financieras. Así que, comienza a cultivar una actitud positiva hacia el dinero y verás cómo este cambio de mentalidad te abrirá a un mundo de posibilidades financieras y te acercará más a la realización de tus sueños económicos.

Es importante destacar que el poder de la atracción no es una fórmula mágica para obtener riqueza instantánea sin esfuerzo. No garantiza resultados inmediatos, pero puede influir positivamente en tu actitud y en las decisiones que tomas en relación con el dinero. Al cultivar una mentalidad positiva y enfocada en la abundancia, es más probable que te sientas motivado para tomar acciones que te acerquen a tus metas financieras y aprovechar oportunidades cuando se presenten.

El poder de la atracción puede complementar estrategias financieras sólidas, como la planificación financiera, el ahorro y la inversión responsable. Al alinear tus pensamientos y emociones con tus objetivos financieros, puedes aumentar tu confianza y autoestima, lo que a su vez puede mejorar tu enfoque y perseverancia en tu camino hacia la libertad financiera.

Final

En un mundo en constante evolución, el éxito financiero y la prosperidad personal se han convertido en aspiraciones compartidas por muchos. A través de este libro, hemos emprendido un viaje transformador hacia la comprensión de los principios financieros que guían a aquellos que han construido su riqueza y prosperidad.

Hemos explorado una variedad de temas fundamentales que nos han abierto las puertas hacia un futuro financiero prometedor. Desde la importancia de invertir en propiedades para asegurar un sólido cimiento económico, hasta los hábitos cotidianos que nos conducen hacia la riqueza, cada capítulo nos ha brindado valiosas lecciones extraídas de los maestros de la riqueza.

A lo largo de estas páginas, hemos descubierto que la educación financiera es el pilar fundamental para alcanzar nuestras metas económicas. Aprendimos estrategias de inversión inteligente y cómo gestionar nuestras finanzas personales de manera efectiva. Tomar decisiones informadas ha sido clave para aprovechar al máximo nuestro potencial económico.

Sumergidos en las enseñanzas de quienes han recorrido el camino hacia la riqueza, desvelamos secretos y consejos prácticos que nos han dado una base sólida para construir nuestro propio legado de prosperidad y libertad financiera.

A lo largo de este viaje, desafiamos paradigmas financieros y cuestionamos creencias limitantes. Nos hemos abierto a nuevas perspectivas y estamos listos para tomar el control de nuestro futuro financiero, convirtiéndonos en los protagonistas de nuestra propia historia de éxito.

Además de las valiosas lecciones aprendidas, hemos sido testigos de cómo el poder de la atracción ha influido en nuestras finanzas personales. La visualización de nuestras metas cumplidas y el uso de afirmaciones positivas nos han permitido desarrollar una mentalidad de abundancia y prosperidad, atrayendo hacia nosotros las circunstancias y oportunidades que necesitamos para alcanzar nuestros objetivos financieros.

Y aunque nuestra travesía ha estado llena de aprendizaje y descubrimientos, hay un elemento que ha sido sorprendentemente revolucionario en nuestro camino hacia el éxito financiero: la inteligencia artificial y la tecnología.

Gracias a la inteligencia artificial, hemos recibido asesoramiento financiero altamente personalizado. Sus algoritmos inteligentes analizaron nuestros datos financieros, patrones de gasto e información personal para ofrecernos recomendaciones y estrategias precisas y adaptadas a nuestras necesidades específicas.

La tecnología también ha enriquecido nuestra educación financiera, haciendo que sea más accesible y atractiva. A través de aplicaciones móviles, plataformas en línea y herramientas interactivas, hemos mejorado nuestra comprensión sobre inversiones y gestión de finanzas personales.

La automatización de tareas financieras ha sido otra contribución valiosa de la inteligencia artificial y la tecnología. Hemos simplificado y optimizado nuestras actividades financieras diarias, liberando tiempo y recursos para enfocarnos en decisiones estratégicas.

Además, la tecnología ha colaborado con instituciones financieras y empresas para ofrecer servicios y productos más inclusivos. La inteligencia artificial ha evaluado de manera justa el riesgo crediticio de aquellos que carecen de historial crediticio tradicional, brindando oportunidades de acceso a crédito para quienes lo necesitan. Los servicios bancarios digitales han roto barreras geográficas y mejorado la accesibilidad para todos.

Así, en el cierre de este viaje transformador, hemos comprendido que el éxito financiero no se trata solo de acumular riqueza, sino de cómo nuestra mentalidad, acciones y la tecnología trabajan juntas para impactar positivamente nuestras vidas.

Con determinación, visión, una mentalidad positiva y la poderosa colaboración de la inteligencia artificial y la tecnología, hemos forjado nuestro propio camino hacia una vida financiera plena y satisfactoria. Nos hemos empoderado para tomar el control de nuestro futuro financiero y alcanzar la prosperidad que realmente merecemos.

Así que, adelante, sigamos desafiando paradigmas financieros, cuestionando creencias limitantes y abriéndonos a nuevas perspectivas. En nuestras manos está la capacidad de transformar nuestras finanzas y crear un futuro próspero y abundante. La inteligencia artificial y la tecnología son nuestros poderosos aliados en este emocionante viaje hacia el éxito financiero y la inclusión financiera.

Preparémonos para alcanzar nuestros sueños más audaces, convertirnos en arquitectos conscientes de nuestro propio destino y demostrar al mundo que el éxito financiero es posible para todos aquellos que estén dispuestos a aprender, crecer y aplicar las habilidades y herramientas que nos han llevado hasta aquí. Recordemos siempre que el poder para transformar nuestras finanzas está en nuestras manos, y que cada paso que damos hacia una mentalidad más positiva y enérgica en nuestras finanzas nos acerca más a la libertad financiera y a la realización de nuestros sueños más audaces.

En este emocionante camino, la inteligencia artificial y la tecnología continuarán evolucionando y desafiando los límites de lo posible. Aprovechemos esta revolución para hacer realidad nuestras aspiraciones financieras y construir un futuro próspero y lleno de oportunidades.

Así que, con determinación y valentía, sigamos adelante, dejando una huella significativa en nuestras vidas y en las de quienes nos rodean. Enfrentemos cada desafío como una oportunidad para crecer y aprendamos de cada experiencia para mejorar nuestro camino hacia el éxito financiero.

El poder de la atracción es una fuerza sorprendente y transformadora en nuestras vidas financieras. Al visualizar nuestras metas como si ya se hubieran cumplido y usar afirmaciones positivas, enviamos señales positivas al universo y creamos una mentalidad de abundancia y prosperidad.

Así que, cierro este libro con un llamado a la acción. ¡El poder está en nosotros para alcanzar la prosperidad y el éxito financiero que realmente merecemos! Atrévete a soñar en grande, a desafiar lo establecido y a abrirte a las infinitas posibilidades que el futuro nos tiene reservadas.

Agradezco a todos aquellos que han acompañado este viaje y los invito a continuar explorando, aprendiendo y creciendo en su camino hacia el éxito financiero. Juntos, podemos alcanzar nuevas alturas y transformar nuestras vidas de manera extraordinaria.

¡Que este libro sea solo el comienzo de una emocionante y fructífera travesía hacia el éxito financiero y la realización de nuestros sueños más audaces! Aprovechemos el poder de la inteligencia artificial y la tecnología para cambiar nuestras vidas y el mundo que nos rodea.

¡El futuro financiero está en nuestras manos! ¡Adelante, hacia el éxito financiero y la prosperidad que siempre hemos deseado!

Epílogo

En el cierre de estas páginas, se revela un poderoso mensaje que trasciende la mera comprensión financiera. Hemos explorado valiosas lecciones y estrategias fundamentales para forjar un futuro prometedor en el ámbito económico, pero también hemos descubierto que el camino hacia el éxito financiero es un viaje transformador, enriquecido por la pasión, la tecnología y la sabiduría compartida.

A través de la inteligencia artificial y la tecnología, hemos vislumbrado una nueva era en la educación financiera, donde la inclusión y la personalización son fundamentales. La IA se ha convertido en un aliado excepcional, capaz de entender y adaptarse a las necesidades individuales, brindando recomendaciones precisas y estrategias a medida para alcanzar metas económicas y lograr la libertad financiera.

El viaje ha estado impregnado de conceptos poderosos, como el deseo, la fe, la disciplina y la autosugestión. Hemos comprendido que nuestros pensamientos y emociones moldean nuestra realidad, y que, al alinearlos con nuestros objetivos financieros, podemos atraer hacia nuestras vidas las circunstancias y oportunidades que necesitamos para prosperar.

La cultura lectora y la inspiración transmitida por la familia de Camilo Ávila Sierra, junto con su pasión por la tecnología y el autoaprendizaje, han nutrido su camino hacia la escritura y la búsqueda de la sabiduría. Es un testimonio vivo de cómo el conocimiento compartido y la pasión por el crecimiento personal pueden convertirnos en los protagonistas de nuestra propia historia de éxito.

A todos aquellos que han acompañado este recorrido, desde mi familia que me ha guiado con sabiduría y cariño, hasta los lectores que buscan nuevas oportunidades financieras y desean aprender, agradezco su presencia y su confianza en estas páginas.

En el horizonte se vislumbran nuevas oportunidades, el poder de las palabras y el conocimiento compartido continúan encendiéndonos hacia la búsqueda de la prosperidad y el éxito financiero. A todos aquellos que inician su camino en el aprendizaje y aquellos que han encontrado un refugio en la lectura, los invito a explorar nuevas perspectivas y desafiar sus propios paradigmas.

Con el poder de la atracción y la sabiduría como guías, abramos nuestros corazones y nuestras mentes para recibir todo lo que el universo tiene reservado para nosotros. Que este viaje no se detenga aquí, sino que se convierta en el preludio de una vida plena de logros y satisfacción.

Camilo Ávila Sierra, el arquitecto consciente de su propio destino, sigue en el camino del conocimiento y el saber. A medida que las páginas se cierran, que el viaje hacia el éxito financiero y la realización personal continúe enriqueciéndonos, guiado por la inteligencia artificial y la tecnología, con pasión, sabiduría y amor.

¡Que esta travesía nos lleve hacia la libertad financiera y la plenitud que tanto anhelamos! Juntos, podemos construir un futuro próspero y lleno de oportunidades, impulsados por el deseo de aprender, crecer y compartir.

Gracias a cada uno de ustedes, queridos lectores, por ser parte de este emocionante viaje. Que estas páginas se conviertan en un faro que ilumine sus caminos y les brinde la confianza y el conocimiento necesario para alcanzar todas sus metas financieras y personales.

Con gratitud y esperanza,
Camilo Ávila Sierra

Sobre el autor

Camilo Ávila Sierra es un estudiante apasionado de Ingeniería Industrial a punto de graduarse, con una vida marcada por su profundo interés en la tecnología, las finanzas y la dinámica del mundo. Siempre ha sido un ávido autodidacta, utilizando recursos como YouTube, Google, libros digitales y redes sociales para nutrir su conocimiento y habilidades.

Además de su pasión por la tecnología, Camilo es un entusiasta del deporte y el ejercicio, manteniendo un equilibrio entre el estudio y el cuidado de su bienestar físico. Su inspiración para adentrarse en el mundo de la escritura proviene de su abuela, una reconocida poetisa y autora de varios libros, y de su tío, presidente de la Real Academia Boyacense de Historia y escritor prolífico.

La combinación de su cultura lectora y el legado literario de su familia ha guiado a Camilo en el camino hacia la escritura y la búsqueda de la sabiduría. Con una mente curiosa y una pasión por compartir conocimientos, se perfila como una prometedora figura en el mundo de la literatura y la educación financiera.

A medida que se acerca a la graduación en Ingeniería Industrial, Camilo Ávila Sierra está preparado para emprender un emocionante viaje, fusionando su pasión por la tecnología, las finanzas y la escritura para impactar positivamente en el mundo y compartir su sabiduría con otros.

Agradecimientos

Queridos lectores y amantes del conocimiento financiero,

En este emotivo momento, quiero expresar mi profundo agradecimiento a todas aquellas personas que han sido parte de este viaje hacia el mundo de las finanzas personales. Aunque el camino ha estado lleno de desafíos, también ha sido un camino de aprendizaje, crecimiento y transformación.

En primer lugar, quiero dedicar este libro a mi querida mamá, que aunque ya no está físicamente presente, sigue siendo mi mayor inspiración. Sus valores, sabiduría y amor incondicional me han guiado en cada paso de esta travesía. A ella le dedico cada página escrita, con la esperanza de que este conocimiento financiero llegue a quienes más lo necesiten.

A mi abuela, quien también partió recientemente, quiero agradecerle por su amor y apoyo inquebrantable. Sus enseñanzas y consejos siempre estarán presentes en mi mente y corazón. Este libro lleva su legado y es un tributo a su valiosa influencia en mi vida.

Agradezco también a mis abuelos, por su amor, sabiduría y la fortaleza que han demostrado a lo largo de los años. Su apoyo incondicional ha sido un pilar fundamental en mi vida y en este proyecto.

A mi papá y hermano, quienes han sido mi apoyo constante y mis compañeros de aventura, les agradezco por estar siempre presentes, animándome a seguir adelante y alcanzar mis metas.

A mi familia en general, a todos aquellos que me han brindado su amor, comprensión y aliento, les agradezco de corazón. Su apoyo ha sido fundamental para llevar a cabo este proyecto y enfrentar los desafíos con valentía.

Agradezco profundamente a la inteligencia artificial de Chat GPT por su contribución a este libro y por abrir nuevas posibilidades en el campo de la creación de contenido. Su presencia ha sido un recurso valioso que ha enriquecido esta obra y ha permitido llevar este conocimiento financiero a un público más amplio.

A todos aquellos que desean iniciar su camino en el mundo financiero y a aquellos que disfrutan de la lectura, quiero agradecerles por su interés y confianza. Espero que este libro les sea de gran utilidad y les brinde herramientas valiosas para alcanzar la prosperidad y la libertad financiera que tanto anhelan.

En este agradecimiento se encuentra un sentimiento de gratitud infinita, porque cada uno de ustedes ha sido una pieza clave en este camino. Sin su apoyo y confianza, este libro no sería posible.

Que este libro sea una guía en su búsqueda de conocimiento y prosperidad, y que la inteligencia artificial y la tecnología se conviertan en poderosos aliados en su viaje hacia el éxito financiero y la inclusión financiera.

Con profundo agradecimiento y cariño,

Camilo Ávila Sierra